Arthur Conan Doyle

Was ist Spiritismus?

Die neue Offenbarung

Übersetzt von Curt Abel-Musgrave

Arthur Conan Doyle: Was ist Spiritismus? Die neue Offenbarung

Übersetzt von Curt Abel-Musgrave.

»The New Revelation or What Is Spiritualism«, 1918. Hier in der mit einer Einleitung versehenen Übersetzung von Dr. Curt Abel-Musgrave, Fürth, H. Krause, 1921.

Neuausgabe
Herausgegeben von Karl-Maria Guth
Berlin 2017

Umschlaggestaltung von Thomas Schultz-Overhage unter Verwendung des Bildes: Gustave Doré, Der Aufstieg des Geistes, 1870

Gesetzt aus der Minion Pro, 11.2 pt

Verlag: Henricus - Edition Deutsche Klassik GmbH
Mörchinger Str. 33, 14169 Berlin, info@henricus-verlag.de
Druck: Libri Plureos GmbH, Friedensallee 273, 22763 Hamburg

ISBN 978-3-7437-0900-3

Bibliografische Information der Deutschen Nationalbibliothek

Die Deutsche Nationalbibliothek verzeichnet diese Publikation in der Deutschen Nationalbibliografie; detaillierte bibliografische Daten sind im Internet über www.dnb.de abrufbar.

Inhalt

Einleitung des Übersetzers 4
Erster Teil: Auf der Suche 44
Zweiter Teil: Die Offenbarung 66
Dritter Teil: Das Leben nach dem Tode 76
Vierter Teil: Probleme und Begrenzungen 86
Anhang: Die nächste Phase unseres Lebens 99

Einleitung des Übersetzers

»Die Sache mit dem Mars wollen wir gleich haben!« meinte Michel und lehnte zum Fenster heraus. Einen Augenblick starrte er zum Himmel, drehte sich dann kurz herum und schnarrte: »Auf dem Mars leben keinerlei Wesen. Die sogenannten Kanäle sind Früchte erhitzter Phantasie, nichts als Schatten von Bergen. Und damit ist die Angelegenheit ein für allemal erledigt!«

»Aber, Herr Michel! ...« wagte ich zu stammeln, »so schnell? Und Sie haben ja nicht einmal ein Fernrohr benützt!«

»Ich besitze Gott sei Dank zwei gesunde Augen und brauche keinerlei Fernrohre!« lächelte Herr Michel überlegen.

»Aber, Herr Michel! Wenn man eine wissenschaftliche Frage entscheiden will, so muss man doch erst die Forschungen anderer kennen, muss sich der Hilfsmittel bedienen, welche die Wissenschaft bietet, muss ...«

»Unsinn! Unsinn!« unterbrach mich Michel ungeduldig. »Ich bin mit einem gesunden Menschenverstand ausgerüstet, auf daß ich erkenne ... ich besitze meine eigenen gesunden Augen mit zwei scharfen, angeborenen Linsen, auf daß ich sehe ... was brauche ich da die Hilfe anderer? Selbst ist der Mann! ... Der Mars ist und bleibt unbewohnt! Und damit fertig!«

»Aber, Herr Michel! ... es ist doch heller Tag ... die Sonne scheint am wolkenlosen Himmel ... und wir alle wissen, daß der Mars sich im Lichte der Sonne vor dem menschlichen Auge verbirgt!« ...

»Verbirgt sich?« höhnte Michel. »Sehen Sie, da haben wir ja schon den Schwindel. Bedarf des Dunkels und scheut das Licht! Nicht wahr? Zeichen der Ehrlichkeit! ... Wollen Sie noch einen klareren Beweis, daß die ganze Geschichte Schwindel ist?« ...

»Aber, Herr Michel! ... Der italienische Astronom Schiaparelli ...«

»Ausländer! Gehen Sie mir mit den Ausländern! Wir haben deutsche Wissenschaft ... Was brauchen wir die Ausländer!« ...

»Aber, Herr Michel! … Entschuldigen Sie doch nur … Sie haben ja gegen Süden gesehen, während der Mars dort drüben stehen muss … hinter diesem Hause … durch die Wände verdeckt … gegen Norden!«

Da wurde Herr Michel zornig. »Die Richtung meiner eigenen Forschung werde ich mir selber wählen! Darüber brauche ich mich nicht von anderen belehren zu lassen! Um es kurz zu machen: Wenn Sie vorgeben oder auch nur die Möglichkeit annehmen, daß der Mars bewohnt ist, daß sich auf demselben die künstlichen Kanäle eines Schiaparelli befinden … daß sich alle diese wunderbaren Mysterien vor der Sonne verbergen müssen, um nur im Dunklen existieren zu können, dann … ja dann, ja, ich muss es gerade heraus sagen, denn die Wissenschaft darf keine Höflichkeit kennen … dann sind Sie ein Betrüger oder ein Verrückter! … Jedenfalls verlangen Sie nicht von mir, daß ich ebensolch ein Hornochse sei, wie Sie!« …

Herr Michel hat gestern gelebt und heute. Am Südpol, am Nordpol, und dazwischen. Überall dort, wo der Mensch hinkommt mit seiner Qual. Herr Michel wird dieses Büchlein verächtlich beiseite werfen und mir zurufen: »Was bedarf ich der Forschung? Was bedarf ich des Fernrohrs und anderer wissenschaftlicher Instrumente? Was bedarf ich der Zeugnisse anderer? Habe ich nicht selbst zwei scharfe Augen und einen unübertrefflichen Verstand? Und wenn ich bei Tageslicht zum Himmel schaue gegen Norden, auch wenn der Mars gegen Süden sieht, so beanspruche ich das Recht endgültigen Urteils und verachte die Worte: Allah weiß es besser!« …

Herr Michel sitzt auch heute auf vielen akademischen Lehrstühlen, in vielen Redaktionsstuben großer und kleiner Zeitungen, nimmt teil an vielen gelehrten Versammlungen und kirchlichen Konzilen. Dass Gott erbarm! Er hat eine große Rolle in der Weltgeschichte gespielt (zuletzt in Versailles). Er lebte und entschied damals:

Als Sokrates (geb. 470 v. Chr.) den Giftbecher leeren mußte, weil er die ewige Wahrheit kündete, daß der Tod an und für sich kein Übel sei, daß aber die Schuld das größte aller Übel darstelle. Ganz besonders wurde ihm auch die Lehre verdacht, daß die höchste

Weisheit des Menschen in der Erkenntnis gipfelt, daß unser Wissen unsicher und Stückwerk sei.

Als Anaxagoras 500 v. Chr. vertrieben wurde, weil er die Unveränderlichkeit des Stoffes, die unendliche Teilbarkeit des Raumes und der Materie erkannte, den leeren Raum leugnete und behauptete, daß die Sonne viel größer sei als der Peloponnes.

Als Plato und Archimedes, Hipparch und Ptolemäus gegen die Lehre des Pythagoras (geb. 570 v. Chr.) wetterten, daß die Erde sich drehe und Ptolemäus diese Lehre bezeichnete als »im höchsten Grade lächerlich«!

Als im Jahre 1306 König Eduard I. das Verbrennen von Steinkohle verbot, wegen »des Rauches und üblen Geruches«.

Als Christoph Kolumbus (geb. 1447) von dem Kirchenkonzil zu Salamanka mit dem Bannstrahl belegt wurde, weil er im Gegensatz zu den Büchern Mosis, den Psalmen, den Propheten und Kirchenlehrern die Behauptung wagte, daß die Erde rund sei.

Als Kopernikus (geb. 1473) von kirchlichen und weltlichen Behörden gehetzt wurde, weil er lehrte, daß die Sonne im Mittelpunkt des Weltsystems stehe, und die Grundlage zum heliozentrischen Weltsystem legte im Gegensatz zum geozentrischen des Ptolemäus. Noch Luther bezeichnete diese Lehre als eine »Narrheit«, weil, wie die Bibel lehrt, Josua der Sonne und nicht der Erde zugerufen habe: »Stehe still!«

Als Kepler (geb. 1571) verfolgt, seine Mutter wegen Hexerei angeklagt und seine unsterblichen Gesetze von den Bewegungen unseres Sonnensystems 1618 und 1619 von der Kongregation des Index expurgatorius in Acht und Bann getan wurden.

Als der große Physiologe Harvey (geb. 1578) durch die Entdeckung des Blutkreislaufes (1628), welche die Grundlage der modernen physiologischen Erkenntnis legte, zum Gegenstand wütender Angriffe wurde, namentlich von Seiten der Universitäten.

Als Galileo Galilei von der »heiligen« Inquisition gefoltert und 1633 gezwungen wurde, die Lehre abzuschwören, daß die Erde nicht der Mittelpunkt der Welt sei.

Als ein und ein halbes Jahrhundert lang die deutschen Regierungen sich der Einführung des im Jahre 1600 erfundenen Webstuhles widersetzten, »weil er den Arbeitern Konkurrenz machte«.

Als Giordano Bruno im Jahre 1600 verbrannt wurde, weil er bekannte, daß das Universum unendlich und mit unzähligen Welten gefüllt sei, die in ihrer Gesamtheit Gott ausmachen.

Als die Astronomen sich weigerten, das im Jahre 1609 entdeckte Fernrohr zu benutzen. Noch 50 Jahre später verharrte ein Astronom vom Rufe des Helvetius auf seiner Weigerung … ein Schulbeispiel der geistigen Inertia auch gelehrter Forscher.

Als die gelehrte Londoner Royal Society sich weigerte, Benjamin Franklins (geb. 1706) Erfindung des Blitzableiters anzuerkennen und eine Abhandlung des Erfinders drucken zu lassen.

Als 1752 nach Einführung des gregorianischen Kalenders Mitglieder der Londoner Royal Society vom Volk misshandelt wurden, »weil sie den Engländern elf Tage ihres Lebens geraubt hatten«.

Als Galvani, der 1791 die Elektrizität entdeckt hatte, im folgenden Jahre schreiben mußte: »Ich werde von zwei verschiedenen Parteien angegriffen, von den Weisen und von den Dummen. Den einen wie den anderen bin ich ein Spott und man nennt mich den Tanzmeister der Frösche. Trotzdem weiß ich, daß ich eine neue Naturkraft entdeckt habe.«

Als Lavoisiers große Entdeckung, daß die Luft kein Element sei, sondern vornehmlich aus zwei Elementen (Stickstoff und Sauerstoff) bestehe (1774), von seinen Zeitgenossen höhnend zurückgewiesen wurde. Der große Physiker und Chemiker Baumé, Erfinder des Aräometers, bekämpfte diese große, leicht nachzuprüfende Entdeckung und veröffentlichte folgende charakteristische Äußerung: »Die Elemente oder Grundteile der Körper sind von den Physikern aller Jahrhunderte aller Nationen erkannt und festgestellt worden. Es ist nicht zulässig, daß die Elemente, die seit 2.000 Jahren als solche erkannt sind, heute in die Kategorie der zusammengesetzten Substanzen eingereiht werden, und man darf das Verfahren, Luft und Wasser in seine Bestandteile zu zerlegen, ruhig als unsicher hinstellen ... ganz absurdes Geschwätz, um nicht noch mehr zu sagen, ist es gar, die Existenz von Feuer und Erde als Elemente zu leugnen.«

Klingt es nicht, als ob der gelehrte Baumé eine Satire auf sich selbst, auf die dogmatischen Priester aller Bekenntnisse, auf die geistige Inertia der Weisen hätte schreiben wollen, mit dem Leitwort: »Es ist nicht zulässig, daß ...«

Als auch der große Lavoisier ein Opfer dieser geistigen Inertia wurde, und in einem besonderen Berichte an die Pariser Académie des Sciences den Nachweis zu erbringen sich bemühte, daß Meteorsteine nicht existieren können und nichts als ein Produkt der Phantasie seien.

Als Fulton 1803 vergebens die Hilfe der Gewalten anflehte, ihm behilflich zu sein, seine Erfindung des Dampfschiffes zur Ausführung zu bringen, und sogar Napoleon erklärte: »Der Mann ist ein Verrückter. Er will meine Armee mit kochendem Wasser nach England übersetzen.«

Als Julius Robert Mayer (geb. 1814) auf Grund seiner Entdeckung des ewigen Gesetzes von der Erhaltung der Energie (welches zum Fundamente der modernen Mechanik wurde) durch Hohn und Verfolgung zum Selbstmord getrieben wurde. Er selbst erzählt: »Die Aufnahme meiner Arbeit in Poggendorfs Annalen wurde mir verweigert, und unter den Mitgliedern der Berliner Akademie war es nur C. G. Jacobi, der Mathematiker, der sich meiner annahm. Ruhm und äußere Förderung war in jenen Zeiten mit der neuen Überzeugung noch nicht zu gewinnen, eher das Gegenteil.« (Wissenschaftliche Abhandlungen, Leipzig 1882.)

Als im Jahre 1835 die erste Eisenbahn in Deutschland gebaut werden sollte. Die Kirche brandmarkte die Erfindung als Teufelswerk und Versuchung Gottes. Die medizinische Fakultät der Münchener Universität bezeichnete den Plan einer Eisenbahn Nürnberg-Fürth als Verbrechen an dem Volke und verlangte, daß zu beiden Seiten der Schienen eine Mauer aufgeführt werde, welche die Leute auf dem Felde verhindere, durch Einwirkung des schnell fahrenden Zuges einer genau benannten Geisteskrankheit zum Opfer zu fallen.

Als die Pariser Académie des Sciences und die gesamte medizinische Fakultät im Jahre 1829 den menschlichen Magnetismus und die Hypnose leugnete, trotzdem experimentelle Beweise vorlagen, die überzeugend hätten wirken müssen.

Als die größten Autoritäten sich im Jahre 1853 gegen die Möglichkeit aussprachen, einen Kabel zwischen Amerika und Europa zu legen. Einer der hervorragendsten Physiker der damaligen Zeit, Professor Babinet von der polytechnischen Hochschule zu Paris, gab folgendes Gutachten:

»Ich kann diese Pläne nicht ernsthaft nehmen: die Theorie des elektrischen Stromes zeigt unwiderlegbar deutlich die Unmöglichkeit einer solchen Übertragung, selbst wenn man nicht mit dem Strom rechnet, der sich von selbst auf einer so langen elektrischen Strecke bildet und sich schon auf der kurzen Reise von Dover nach Calais fühlbar macht. Das einzige Mittel, die alte und die neue Welt zu verbinden, ist, die Beringstraße zu passieren, vorbei an den Färöerinseln, Island, Grönland und Labrador.«

Als Edison, der Erfinder des Phonographen, als Schwindler gebrandmarkt wurde. Als sein Vertreter am 11. März 1878 in einer Sitzung der Académie des Sciences den Apparat vorführte, stürzte sich einer der Akademiker mit den denkwürdigen Worten auf ihn: »Sie Schuft! Glauben Sie, wir lassen uns von einem Bauchredner zum besten halten?«

Als im Jahre 1890 die gesamte Académie des Sciences die Existenz des Kugelblitzes ableugnete.

Als im Jahre 1896 Graf Zeppelin auf Grund eines Gutachtens der Berliner Universität abschlägig beschieden wurde. Er hatte nach Verausgabung seines eigenen Vermögens die Regierung um Unterstützung gebeten, um seine Erfindung des lenkbaren Luftballons durchzuführen.

Als im Jahre 1897 die Entdeckung der Radioaktivität mit Gelächter begrüßt wurde und einer der gelehrten Professoren höhnend meinte, man müsse offenbar annehmen, daß das Radium-Atom vor allen anderen Atomen mit einer Selbstmordmanie belastet sei.

Die obige Liste ist nicht etwa eine vollständige, aber sie genügt, um uns die verhängnisvolle Rolle vor Augen zu führen, welche die Autoritäten in der Geschichte menschlicher Entwicklung gespielt haben. An jedem entscheidenden Abschnitt dieser Entwicklung wurden die größten, bedeutungsvollsten Fortschritte verlacht, Entdeckungen und Erfindungen wurden in ihrer Ausführung und segensreichen Anwendung behindert, nicht nur von der blöden Masse, sondern auch von den herrschenden Gewalten, von der Kirche und dem Staat, ebenso wie von den Gelehrten, den berufenen Vertretern der Wahrheit, deren Aufgabe es hätte sein sollen, erleuchtete und begeisterte Führer auf dem Wege zur Erkenntnis zu sein. Sokrates und Anaxagoras, Galilei und Pythagoras ... Kolumbus, Kopernikus, Kepler, Giordano Bruno, Lavoisier, Fulton, Franklin, Harvey, Mayer, Curie, Zeppelin ... sie sind Merksteine auf dem Leidensweg des Menschengeschlechtes. Die Erfindungen der Dampfmaschine, des Dampfschiffes und der Eisenbahn, der Telegraphie und des Kabels, der Turbine, des Blitzableiters, der Gasbeleuchtung, des lenkbaren Luftschiffes, des Flugzeuges ... die Entdeckungen der Bewegung der Gestirne, des Kreislaufes des Blutes, der Meteorsteine, des Kugelblitzes, der Zusammensetzung der Luft, der Wellenbewegung des Lichtes, des tierischen Magnetismus, der Radioaktivität ... sie alle wurden verdammt, oft von der Gesamtheit, oft von einem mächtigen Kreise derjenigen, die beanspruchten, das entscheidende Urteil sprechen zu dürfen. Die herrlichsten Gedanken des menschlichen Hirnes nannten sie Wahnsinn, und die auserkorensten Werkzeuge göttlicher Kräfte schalten sie Verführer, Verrückte, Betrüger.

Und dennoch erwies sich die vorwärtsdrängende göttliche Kraft stärker als menschliche Torheit. Oft allerdings erst nach langem Leidensweg.

Es liegt nicht im Rahmen dieser Einleitung, die Gründe für diese Erscheinung ausführlich darzulegen, von so großer und tragischer Bedeutung sich dieselben auch während der ganzen Entwicklung der Menschen erwiesen haben. Professor Camille Flammarion, Direktor der Sternwarte Juvisy-Paris, sagt in seinem Buch »Rätsel des Seelenlebens« (Seite 13): »Der Vorwurf, der die Männer von Geist trifft, daß sie sich den neuen Wahrheiten verschließen, trifft genau so die gesamte Menschheit. Ein Mensch kann in einer Beziehung sehr hochstehend, in einer anderen sehr minderwertig sein. Die angeführten bedauerlichen Beispiele sollen auch keine Spitze gegen die Gelehrten, noch weniger gegen die Wissenschaft an sich enthalten. Aber gerade bei den erleuchteten Geistern bedauert man am meisten, daß auch sie sich von der Engherzigkeit und Beschränktheit ihrer Umgebung nicht frei machen können. Ihre Schwäche sticht von ihrer Größe desto schärfer ab. In gewisser Hinsicht ist dieser Widerstand, diese Halsstarrigkeit, dieser Eigensinn übrigens entschuldbar. Im ersten Moment kann man weder die Größe noch den Wert einer neuen Sache abwägen. Die ersten Dampfschiffe fuhren schlecht und blieben hinter der Leistungsfähigkeit der Segler zurück. Die ersten Gaslaternen gaben sehr wenig Licht und rochen sehr unangenehm. Die Erde schien wirklich fest und stabil zu sein. Luft und Wasser schienen Elemente … Das Genie und die Erfindung eilt der Zeit voraus. Ganz natürlich, daß die Zeitgenossen da zurückbleiben und nicht sogleich verstehen können …«

Und derselbe Camille Flammarion sagt an anderer Stelle (Seite 1 und 2 des obigen Werkes): »Viele Menschen leiden buchstäblich an einer geistigen Kurzsichtigkeit. Ihr Horizont bedeutet ihnen die Größe der Welt. Neue Tatsachen, neue Ideen blenden sie und flößen ihnen Abscheu ein. Keine Änderung soll im täglichen Kreislauf der Dinge eintreten. Die Geschichte des Fortschrittes des menschlichen Wissens ist ihnen nur ein toter Buchstabe … In allen Jahrhunderten, auf allen Stufen der Zivilisation begegnet man solchen Leuten. Kühl leugnen sie alle unerklärlichen Dinge und haben stets ein fertiges Urteil über die unergründliche Organisation des Weltalls bereit. Ebenso gut könnten zwei Ameisen sich über die Geschichte Frankreichs oder über die Entfernung der Sonne unterhalten.«

Der hervorragende Forscher und Arzt Dr. Freiherr von Schrenck-Notzing sagt in seinem Buche »Materialisationsphänomene« (S. 24): »Nicht die Vernunft überzeugt manchen Forscher, sondern eine Überzeugung tritt erst ein, wenn er gewisse Tatbestände so oft selbst beobachtet hat, daß ihm die Existenz derselben zur Geistesgewohnheit, zu einer vertrauten Sache geworden ist.« Schon Zöllner (Abhandlungen, Band 11) konstatierte dieses psychische Trägheitsgesetz und fügte hinzu: »Dieses ist eine sonderbare Phase des Menschengeistes, und sie ist merkwürdig stark bei Gelehrten, ja, bei diesen noch stärker als bei anderen, wie ich glaube. Aus diesem Grund dürfen wir nicht immer einen Menschen unredlich nennen, weil er sich lange Zeit dem Beweise verschließt. Die alte Mauer des Glaubens muss erst durch viel Belagerungsgeschütz niedergeworfen werden.« Ich meine, daß diese Erklärungen Flammarions, Schrenck-Notzings und Zöllners doch noch einer Ergänzung bedürfen. Ohne Frage ist es Pflicht und Recht wahrhafter Wissenschaftler, über die Reinheit und Wahrheit ihres Heiligtums zu wachen und keinem falschen Priester zu erlauben, mit Irrlehren in das geweihte Gebiet einzudringen. Aber dieses Recht und diese Pflicht dienen nur allzu oft unedlen, unwissenschaftlichen Zielen des kleinen Menschentums. Die große Masse der Wissenschaftler in allen Ländern, das geistige Proletariat, ist Dogmatiker, ebenso wie die große Masse der Geistlichen und der übrigen Menschen. Das Dogma zahlt ihnen Butter und Käse, und jeder Schritt links oder rechts des altgewohnten Weges bedeutet unbezahlte Rechnungen und Gerichtsvollzieher. Das Dogma bringt ihnen den Himmel, soweit derselbe überhaupt für sie erreichbar ist. Das Dogma gibt ihnen Rechtfertigung und Beschuldigung für die Trägheit ihrer Gedanken und schmückt sie überdies mit dem Heiligenschein des Engels, der als Wächter mit dem zweischneidigen Schwerte vor dem Paradies ewiger Wahrheit steht.

Und die wenigen, welche geistig, wenn auch oft nicht menschlich, aus der Masse hervorragen, die »Autoritäten«, haben sich nicht selten innerhalb ihres Spezialgebietes so verlaufen, daß sie fürchten, ihre mühevolle Lebensarbeit möge zusammenbrechen, wenn jemand ihnen in die Quere kommt. Dann rufen sie entsetzt mit dem großen Physiker Baumé: »Es ist nicht zulässig …!«, oder sie ahmen den Astronomen A. Deluc und Vaudin nach, deren ersterer von den Meteorsteinen sagte: »Wenn mir ein solcher, Stein vor die Füße fallen würde, so müsste ich zwar gestehen: ich habe es gesehen! … aber ich könnte es dennoch nicht glauben!« Und Vaudin meinte, man müsse so unglaubliche Dinge lieber wegleugnen, als sich auf Erklärungen derselben einlassen.[1] Wir wollen uns dem Gegenstand des nachfolgenden Buches mit möglichster Unbefangenheit nähern, wir wollen versuchen, alle Vorurteile abzuschütteln und mit nüchtern-logischem Verstand die Erscheinungen beobachten, welche sich uns unleugbar und durch das unanfechtbare Experiment erwiesen darbieten. Denn noch niemals lag eine so große Verantwortung auf den Schultern des einzelnen und der Gesamtheit als in unseren Tagen. Die Zeit schreit nach einem Gott, schreit nach Liebe, schreit nach Erkenntnis. Was uns die Vergangenheit als Weltanschauung geboten hat, ist in wesentlichen Beziehungen zugrunde gegangen in dem heidnischsten aller Kriege. Wir suchen nach einer neuen Weltanschauung. Wir wollen unseren Gott nicht mehr glauben, denn dieser Gott des dogmatischen Glaubens hat sich als erbarmungsloser Unhold erwiesen, der im Dienste menschlichen Eigennutzes von den Kanzeln und Lehrstühlen Hass und Mord und Untergang predigte und auch heute noch predigt. Wir wollen unseren Gott wissen, soweit unsere menschlichen Kräfte ausreichen, und wollen seinen Wegen nachgehen, um die Gottheit, als Inbegriff der waltenden Kräfte, zu erkennen.

Diesem hohen Zwecke soll auch dieses Büchlein dienen. Aber man darf mich nicht mißverstehen. Wir wollen nicht in der Absicht suchen, einem religiösen Bedürfnis zu dienen, ein Vorurteil zu befriedigen. Wir wollen voraussetzungslos und unparteiisch suchen, und wollen dabei die Wege jeder wahren Forschung gehen, welche

---

1 Carl Braun: Über Kosmogenien, 3, Auflage S. 370f.

sich zunächst mit den von andern bereits erzielten Resultaten vertraut macht, dieselben sorgfältig nachprüft und auf der Grundlage der bereits gewonnenen Fundamente neue Bausteine zum Tempel der Wahrheit zusammenfügt. Das ist keine leichte Aufgabe. Sie stellt hohe Anforderungen an den Sucher, Nüchternheit und vor allen Dingen: Selbstlosigkeit, Liebe zu der Menschheit, wissenschaftliche Qualifikationen!

Heute schon kann über die eine Tatsache kein Zweifel sein, daß neue Naturkräfte entdeckt worden sind, die sich in erstaunlichen, wunderbaren Phänomenen äußern. Man ist allerdings über die Deutung dieser Phänomene heute noch sehr verschiedener Meinung, aber die Tatsache ihrer Existenz kann kein Jünger der Wissenschaft leugnen, der diesen Namen verdient. Wir wollen zunächst einige der hervorragendsten Forscher sprechen lassen:

1. Bericht der Mailänder Kommission

Ein aus den hervorragendsten naturwissenschaftlichen Gelehrten der damaligen Zeit bestehendes Komitee, dem die Professoren Schiaparelli, Richet, Lombroso, Brofferio, Gerosa, Ermacora, Finzi, du Prel und Aksakow angehörten, unternahm im Jahre 1892 mit dem bekannten Medium Eusapia Paladino ausgedehnte Untersuchungen unter Wahrung genauester wissenschaftlicher Methoden. Aus dem in den »Psychischen Studien« Januar 1893 veröffentlichten ausführlichen Protokolle sei das Folgende mitgeteilt:

Erstens: Bei Licht beobachtete Phänomene:

- Unerklärliche mechanische Bewegungen durch direkte Berührung mit den Händen des Mediums. Experimente mit einem Tische von acht Kilo Gewicht. Bewegungen des Tisches nach verschiedensten Richtungen, vollständige Erhebung des Tisches in die Luft und Verbleiben in der Luft ohne Unterlage während

mehrerer Sekunden (bewiesen durch einundzwanzig Photographien).
- Gewichtsveränderungen des Mediums, während dasselbe auf einer Waage sitzt, Abnahme und Zunahme bis zu zehn Kilogramm.
- Gewichtsveränderungen des Mediums, während dasselbe in Entfernung einer Brückenwaage sitzt. Der Bericht sagt: »Als nach einigem Zuwarten die Bewegung des Waagebalkens vor aller Augen eintrat und dieser mit Kraft gegen die Barren schlug, erhob sich Prof. Richet sofort von seinem Platze an der Seite des Mediums und versicherte sich, indem er mit der Hand zwischen der Waageplatte und dem Medium in der Luft und auf der Erde umherfuhr, daß dieser ganze Raum frei war von jeglicher Verbindung.«
- Unerklärliche mechanische Bewegungen ohne Berührung durch die Hände des Mediums unter Bedingungen, bei denen die mechanische Einwirkung der Hände unmöglich ist. Senkrechtes Aufschweben des Tisches (Levitation). Der Bericht sagt: »Dieses Experiment lieferte uns den unbestreitbaren Beweis, daß seitliche und vertikale Bewegungen des Tisches erhalten werden können, unabhängig von jeder Kraftentwicklung durch die Hände des Mediums.«
- Bewegung von Gegenständen auf Entfernung, ohne irgendwelche Berührung mit den anwesenden Personen. Der Bericht sagt: »Spontane (von selbst erfolgende) Bewegungen von Gegenständen sind während der Séance von Zeit zu Zeit beobachtet worden. Oft setzte sich ein zu diesem Zwecke nicht fern von dem Tische zwischen dem Medium und seinem Nachbar aufgestellter Stuhl in Bewegung und näherte sich einige Male dem Tische. Ein überraschender Fall trat ein in der zweiten Séance bei vollem Lichte. Ein großer Stuhl von zehn Kilo Gewicht, der sich einen Meter vom Tisch entfernt hinter dem Medium befand, näherte sich Prof. Schiaparelli, der zur Seite des Mediums saß. Herr Schiaparelli erhob sich und stellte den Stuhl auf seinen Platz

zurück; aber er hatte sich kaum wieder hingesetzt, als sich ihm der Stuhl ein zweites Mal näherte ...«
- Klopflaute und Erzeugung von Tönen im Tische. Der Bericht sagt: »Diese Klopflaute wurden während der Séance beständig erzeugt, um ›ja‹ oder ›nein‹ damit zu sagen.«

Zweitens: Bei Dunkelheit beobachtete Phänomene.

Klopflaute, furchtbare Schläge auf den Tisch, Stöße und Schläge auf die Stühle, einige Male mit solcher Gewalt, daß sie den Stuhl mitsamt der darauf sitzenden Person verrückten, – – Stühle, Kleider und andere Gegenstände im Gewicht von mehreren Kilogrammen wurden aus einer Entfernung von mehreren Metern auf den Tisch plaziert, ja sogar das Medium selbst mit seinem Stuhl, – – tönende Musikinstrumente flatterten in der Luft, – – phosphoreszierende Funken in der Luft, – – Berührungen durch geheimnisvolle Hände, die sich über phosphoreszierender Unterlage sichtbar abheben und Fingerabdrücke auf mit Lampenruß geschwärztem Papier hinterlassen. – – Berührung der Hände durch geheimnisvolles Gesicht, welches sicherlich nicht dem Medium angehört, – – Bildung und Auflösung von Knoten, – – Herbeibringen von Gegenständen, während die Hände des Mediums mit denen seiner Nachbarn zusammengebunden sind.

Der Bericht sagt: »Zweimal (den 16. und 21. Sept.) wurde die Brille des Prof. Schiaparelli ihm abgenommen und auf den Tisch vor eine andere Person gelegt. Diese Brille sitzt hinter den Ohren vermittelst zweier elastischer Spiralbügel, und um sie abzunehmen, erfordert es schon einige Aufmerksamkeit, sogar von Seiten dessen, der bei vollem Lichte tätig ist. Und dennoch wurde sie bei vollständiger Dunkelheit mit einer solchen Zartheit und Genauigkeit abgehoben, daß Prof. Schiaparelli dies erst gewahr wurde aus dem Aufhören der Empfindung, welche die Berührung der Brille gewöhnlich auf der Nase, den Schläfen und den Ohren erzeugt und genötigt war, sich erst mit der Hand zu vergewissern, daß sie sich nicht mehr an ihrem gewohnten Platze befand.« –

»Ein Stuhl mit darauf befindlicher Klingel wurde hinter den Rücken des Mediums gestellt. Man bildete die Kette, und die Hände und die Füße des Mediums wurden überdies noch wie gewöhnlich von den Händen und Füßen der Nachbarn festgehalten. Man machte hierauf Dunkelheit mit dem ausgesprochenen Wunsch, daß sofort wie die Dunkelheit eintrete, die Klingel geschellt werden sollte, worauf das Medium in Freiheit gesetzt werden würde. Sofort hörten wir, wie der Stuhl sich in Bewegung setzte, eine Kurve auf dem Fußboden beschrieb, sich dem Tisch näherte, und dann plötzlich auf den Tisch gesetzt wurde; die Klingel ertönte, dann wurde sie auf den Tisch geworfen. Als das Licht sofort entzündet war, wurde konstatiert, daß alle Knoten sich in Ordnung befanden. Es ist klar, daß dieser Apport des Stuhles nicht hat durch eine Tätigkeit des Mediums erzeugt werden können ...«

Drittens: Versetzung des Mediums auf den Tisch.

Der Bericht sagt: »Wir betrachten diesen Transport als eine der wichtigsten und bedeutungsvollsten Tatsachen. Er fand zweimal statt: am 28. September 1892 und am 3. Oktober 1892. Er bestand darin, daß das Medium, welches am einen Ende des Tisches saß, auf einmal unter großem Klagegeschrei mit seinem Stuhl emporgehoben und mit ihm auf den Tisch gesetzt wurde, in derselben Lage wie zuvor sitzend und immer noch von seinen Nachbarn an seinen Händen festgehalten und begleitet.«

»Am Abend des 28. September beklagte sich das Medium, während seine Hände von den Professoren Richet und Lombroso gehalten wurden, über ein Gefühl, als ob Hände es unter den Armen ergriffen, und dann sagte es im Trance mit veränderter Stimme: ›Jetzt trage ich mein Medium auf den Tisch!‹ Nach zwei bis drei Sekunden wurde der Stuhl mit dem darauf sitzenden Medium ohne irgendwelchen Kunstgriff nicht geschleudert, sondern emporgehoben, und auf dem Tisch niedergesetzt, während die Herren Richet und Lombroso gewiss sind, in keiner Art die Emporhebung durch irgendwelche Kraftanstrengung ihrerseits unterstützt zu haben. Nach einer Unterhaltung im Trance kündigte das Medium sein Wiederheruntersetzen an, und nachdem Herr Finzi für Herrn Lombroso eingestellt worden war, wurde das Medium mit derselben Sicherheit und Genauigkeit auf die Erde niedergesetzt, während die Herren Richet und Finzi den Bewegungen seiner Hände und seines Körpers nachfolgten, ohne es im geringsten zu unterstützen und sich beständig über die Haltung der Hände befragten.«

Viertens: Phänomene, zuerst in der Dunkelheit beobachtet, dann beim Licht erhalten, mit dem Medium vor den Augen der Kommissionsmitglieder.

Berührungen, Fortziehen der Stühle, Erscheinung von Händen, Funken, Ergreifen und Hinwerfen von Gegenständen usw.

Der Bericht sagt: »Es ist unmöglich, die Zahl anzugeben, wie oft die Hand uns erschienen ist und wir sie berührt haben. Es genüge, zu sagen, daß kein Zweifel weiter möglich war: das war wirklich eine menschliche und lebende Hand, die wir sahen und berührten, während zu gleicher Zeit die ganze Büste und die Arme des Mediums uns gut sichtbar waren, und ihre beiden Hände immer von ihren Nachbarn gehalten wurden. Nach dem Schlusse der Séance trat Herr du Prel als erster hinter den Vorhang ein und verkündigte uns, daß in dem Tone ein Abdruck vorhanden wäre. Wir fanden in der Tat, daß der Ton durch einen starken Griff von fünf Fingern einer rechten Hand ausgegraben war. Ein bleibender Beweis, daß die Erscheinung keine Halluzination war, und dies erklärte uns die Tatsache, daß gegen das Ende der Séance uns ein Stück Ton durch die Öffnung des Vorhangs auf den Tisch geworfen wurde. Obgleich die Lage der geheimnisvollen Hand nicht die Vermutung zuließ, daß sie dem Medium angehörte, so wandten wir doch, um der größeren Sicherheit willen, bei der Séance am 15. Oktober ein Kautschukband an, welches jeden Finger besonders umflocht. Die Erscheinungen der Hand fanden trotzdem statt.«

Die Kommission kommt zu folgenden Schlußfolgerungen:

Somit haben wir also alle die erstaunlichen Phänomene, welche wir während einer vollständigen oder nahezu vollständigen Dunkelheit erhielten, auch bei dieser Séance beobachtet, während wir das Medium keinen Augenblick aus dem Auge verloren. Die Séance am 6. Oktober wurde also für uns zur evidenten und absoluten Bestätigung der Richtigkeit unserer früher in der Dunkelheit empfangenen Eindrücke. Indem wir diesen kurzen und unvollständigen Umriß unserer Experimente veröffentlichen, müssen wir unsere Überzeugung noch dahin aussprechen:

- daß unter den gegebenen Bedingungen keines der Phänomene, welche bei mehr oder minder starkem Licht erhalten sind, durch irgendein künstliches Mittel hatte erzeugt werden können;
- daß dieselbe Überzeugung ausgesprochen werden kann bezüglich des größten Teiles der Phänomene bei vollkommener Dunkelheit.

2. Professor William Crookes

Professor William Crookes, Professor der Chemie an der Universität London, einer der hervorragendsten Chemiker unserer Zeit, Mitglied der Royal Society, stellte im Auftrage seiner gelehrten Gesellschaft mit dem berühmten Medium Daniel Douglas Home Versuche an, welche mit größter wissenschaftlicher Vorsicht, unter Benutzung von Instrumenten und sonstigen automatisch wirkenden Hilfsmitteln durchgeführt wurden. Aus dem Berichte des Prof. Crookes sei folgendes mitgeteilt:

»Die Sitzungen wurden am Abend in einem großen, von Gas erleuchteten Zimmer abgehalten. Der Apparat, welcher dazu diente, die Bewegungen der Harmonika zu kontrollieren, bestand aus einem Bauer. Die Höhe des Bauers war so groß, daß es gerade unter meinen Eßtisch geschoben werden konnte, und wenn es dort stand, konnte weder eine Hand noch ein Fuß von oben oder von unten hineinkommen. Die Harmonika war ganz neu, da sie eigens zu diesen Versuchen gekauft wurde. Home hatte das Instrument nie gesehen und noch weniger vor Beginn der Versuche in der Hand gehabt. In einem anderen Teil des Zimmers war ein Apparat aufgestellt, um die Gewichtsveränderungen der Körper zu untersuchen. Bevor Home die Stube betrat, war der Apparat in Ordnung gebracht; der Zweck desselben wurde ihm in keiner Weise erklärt, ehe er Platz nahm. Um naheliegenden kritischen Einwendungen zu entgehen, ist es vielleicht von Wert zu bemerken, daß ich Home am Nachmittag einen Besuch in seiner Wohnung abstattete. Er bat mich, das Gespräch in seinem Schlafzimmer fortzusetzen, während er sich umkleidete. Ich muss daher bezeugen, daß keine Maschinerie oder andere geheime Einrichtung an seinem Körper verborgen war. Bei den Versuchen war der hervorragende Physiker Dr. W. Huggins, Sergeant of Law, ferner E. W. Cox, mein Bruder und der Assistent an meinem chemischen Laboratorium zugegen. Home saß auf einem niedrigen Lehnstuhl. Zwischen seinen Beinen stand unter dem Tisch das obenerwähnte Bauer. Ich selbst saß dicht bei ihm zu seiner Linken; ein anderer Beobachter hatte ebenfalls dicht neben ihm zu seiner Rechten Platz genommen; die übrigen Anwesenden hatten sich rund um den Tisch verteilt. Den größten Teil des Abends, namentlich, wenn etwas von Bedeutung sich ereignete, hatten die Beobachter auf beiden Seiten von Home ihre Füße auf die seinigen gestellt, so daß sie die geringste Bewegung seinerseits zu entdecken imstande waren. Home nahm die Harmonika zwischen dem Daumen und Mittelfinger der einen Hand an dem Ende, wo die Schlüssel sich nicht befanden. Darauf öffnete ich selbst den Baßschlüssel und zog das Bauer gerade so weit unter dem Tisch hervor, daß die Harmonika mit den Schlüsseln nach unten in dasselbe gesteckt werden konnte; sodann wurde es wieder so weit zurückgeschoben, als Homes Arm es erlaubte, jedoch ohne daß seine Hand den am nächsten Sitzenden verborgen war. Bald darauf begann die Harmonika in einer höchst merkwürdigen Weise hin und her zu schwingen, dann gingen einige Laute von ihr aus und schließlich wurden mehrere Töne nacheinander von ihr gespielt. Während dies geschah, kroch mein Assistent unter den Tisch und teilte mit, daß die Harmonika sich ausdehne und zusammenziehe; zugleich sahen wir anderen, daß die Hand, mit der Home die Harmonika hielt, ganz ruhig war; seine andere Hand ruhte auf dem Tische. Gleich darauf sahen wir, die wir dicht bei Home saßen, daß die Harmonika sich im Bauer bald hin und her, bald in einem Kreise bewegte, während sie gleichzeitig spielte. Dr. Huggins sah nun unter den Tisch und sagte, das Instrument bewege sich, obgleich Homes Hand ganz ruhig zu sein schiene. Aber das Folgende war noch schlagender: denn Home entfernte seine Hand vollständig von der Harmonika, indem er jene aus dem Bauer herauszog und dem nächsten Nachbar reichte. Das Instrument fuhr fort zu spielen, obgleich kein Mensch daran rührte ...«

Crookes schildert dann seine Experimente, um den Einfluss der mediumistischen Kraft auf die Waage festzustellen, und konstatiert, daß diese Kraft die Waage in wunderbarster Weise beeinflußte, trotzdem diese Experimente mit allen wissenschaftlichen Finessen durchgeführt werden.[2]

Noch merkwürdiger als diese Experimente mit Home erscheinen die Versuche, welche Crookes zusammen mit dem berühmten Elektriker Cromwell Flutwood Varley angestellt hat, während die fünfzehnjährige Florence Cook als Medium diente. Bei diesen Sitzungen traten Phänomene auf, welche durch Auge, Ohr, Tastsinn, photographische Platte, Waage und verschiedenartige physikalische Instrumente wahrgenommen und nachgewiesen wurden. Eines der

---

2   Vgl. das Buch: Der Schotte Home, ein physiopsychischer Zeuge des Transzendenten im 19. Jahrhundert. Von Dr. Walter Bormann. Verlag Oswald Mutze, Leipzig.

merkwürdigsten Phänomene war das häufige Erscheinen einer Gestalt, die sich Katie King nannte. Crookes berichtet:

... »Ich zog häufig den Vorhang von einer Seite fort, wo Katie demselben nahestand, und es war eine gewöhnliche Erscheinung für uns sieben oder acht im Laboratorium Anwesende, Miß Cook und Katie zu gleicher Zeit unter dem vollen Glanze des elektrischen Lichtes zu sehen. Ich habe die absoluteste Gewißheit, daß Miß Cook und Katie zwei verschiedene und getrennte Individuen sind, soweit ihre Körper in Betracht kommen.«

Am 1. August 1874 schrieb Crookes in Beantwortung des Briefes einer Russin:

»Die Identität einer verstorbenen Person festzustellen, ist der Hauptzweck gewesen, den ich in den letzten drei bis vier Jahren vor Augen gehabt habe, und ich habe keine günstige Gelegenheit verabsäumt, mich über diesen Punkt aufzuklären. Ich habe fast unumschränkte Gelegenheit zu dieser Untersuchung gehabt, mehr als vielleicht ein anderer Mann in Europa. Während dieser ganzen Zeit habe ich auf das ernstlichste gewünscht, den einen Beweis zu erhalten, den Sie wünschen, den Beweis, daß die Toten wiederkehren und mit uns in Verbindung treten können. Ich habe aber noch kein einziges Mal den befriedigenden Beweis erhalten, daß dies der Fall sei. Ich habe Hunderte von Mitteilungen erhalten, welche von abgeschiedenen Freunden zu kommen vorgaben; aber sobald ich den Beweis zu erhalten suchte, daß sie wirklich die Individuen sind, welche sie zu sein vorgeben, so hielten sie nicht Stich. Kein einziger ist imstande gewesen, die notwendigen Fragen zu beantworten, um seine Identität zu beweisen, und das große Problem eines zukünftigen Lebens ist für mich noch ebenso undurchdringliches Geheimnis, als es jemals war. *Alles, wovon ich überzeugt bin, ist, daß unsichtbare intelligente Wesen existieren, welche die Geister abgeschiedener Personen zu sein vorgeben*; aber die Beweise, welche ich für die Wahrheit dieser Behauptung fordere, habe ich noch niemals erhalten, obgleich ich zuzugeben geneigt bin, daß viele meiner Freunde die gewünschten Beweise wirklich erhalten zu haben erklären, und ich selbst schon mehrere Male dieser Überzeugung ganz nahe gewesen bin. Die nächste Annäherung an einen befriedigenden Beweis, den ich erhalten habe, ist mir durch die private Mediumschaft einer Dame vermittelt worden, die sich unter meinen eigenen Augen als ein Schreibmedium entwickelte und niemals sonst mit irgendjemand Sitzung hielt. Bei ihr gewann ich große Hoffnung, daß meine Zweifel aufgeklärt würden; aber unglücklicherweise verlor sie die Gabe.«

3. Professor Cromwell Flutwood Varley

Professor Cromwell Flutwood Varley, Elektriker und Physiker, berichtet über die Untersuchungen, die er in Gemeinschaft mit Professor Crookes vorgenommen, das Folgende:

Zunächst erfolgt ausführliche Beschreibung einer elektrischen Fesselung des Mediums, so daß jede ihrer Bewegungen, auch die kleinste, durch elektrische Apparate registriert wurden. Die Apparate wurden während der Sitzungen genau kontrolliert. Professor Varley fährt fort:

»... Das Vorderzimmer wurde von einer mit kleiner Flamme brennenden Paraffinschirmlampe beleuchtet. Gegen Schluß der Sitzung wurde das Zimmer verdunkelt, und Katie gestattete mir, mich ihr zu nähern. Sie ließ mich dann ihre Hand ergreifen: dieselbe war lang, ganz kalt und klebrig. Ein oder zwei Minuten später hieß mich Katie ins Dunkelzimmer gehen, um Miß Cook aus ihrer Trance zu wecken. Ich fand sie in einem tiefen Trancezustand in ihrem Lehnstuhl zusammengesunken, ihr Kopf lag auf ihrer Schulter, ihre rechte Hand hing herab. Ihre Hand war klein, warm und trocken und nicht wie Katies Hand lang, kalt und feucht ...

»... Um 7 Uhr 41 Minuten streckte Katie ihren Arm in voller Länge aus und bat um Bleistift und Papier. Katie begann jetzt angesichts der Beobachter zu schreiben. Ich beobachtete das Galvanometer genau die ganze Zeit über, wo sie schrieb, es variierte aber nicht um einen Grad. Ausgezeichneter Beweis! Katie bewegte dann auf meine Bitte ihre Handgelenke, öffnete und schloss ihre Finger, aber das Galvanometer blieb die ganze Zeit über stationär. Wäre es Miß Cooks Hand gewesen, so würde das Galvanometer mindestens um zehn Teilgrade variiert haben ...«

4. Professor William James

Professor William James sagt in seiner »Psychologie« (Meyer, Leipzig, 1909): »Ich teile meine Ansicht mit, nicht um irgend jemand zu meiner Auffassung zu bekehren, sondern weil ich überzeugt bin, daß ein ernsthaftes Studium dieser Phänomene von größter Wichtigkeit ist, und weil ich denke, daß mein persönliches Bekenntnis möglicherweise einen Leser oder zwei auf ein Untersuchungsgebiet locken könnte, das von den ›soidisant-Wissenschaftlern gewöhnlich mit Geringschätzung behandelt wird.«

An anderer Stelle sagt dieser hervorragende Psychologe: »Wirklich starke Medien sind eine Seltenheit, wenn man aber mit ihnen zu arbeiten anfängt und dann abwärts in die wenig klaren Regionen des Automatismus taucht, neigt man dazu, viele seltsame Zufälle für rudimentäre Wahrheitsformen zu halten. Die Phänomene sind in ihren Faktoren unendlich kompliziert und heute noch so wenig verstanden, daß kurz gefaßte Urteile wie ›Geister‹ oder ›Blödsinn‹ gleicherart unvernünftig sind. – Was den Punkt betrifft, daß es solche Typen von Phänomenen gibt, die von der orthodoxen Wissenschaft ignoriert werden, so bin ich vollständig davon überzeugt.«[3]

---

[3] Siehe William James, Psychologie, Meyer, Leipzig 1909, S. 214, ferner Psychische Studien Januar 1912, Memories and Studies 1911, Endgültige Eindrücke eines psychischen Forschers.

5. Edward William Cox

Edward William Cox, hervorragender Psychologe, nahm an den Untersuchungen des Professor Crookes persönlich teil und kommt zu folgenden Schlußfolgerungen:

- Für die Existenz einer psychischen Kraft spricht die Tatsache, daß derartige Phänomene nur bei Anwesenheit eines »Psychikers« zustande kommen, dessen »Psyche« unbewußt wirke und nicht beherrscht oder gelenkt werden könne.
- Die psychische Kraft wirkt außerhalb des Bereiches der Muskelstärke des Psychikers in einer in den verschiedenen Fällen verschieden großen Zone.
- Die Intelligenz, welche sich in der Kraft äußert, zeigt alle Charakterzüge des Psychikers, pulsiert gewissermaßen in rhythmischen Wellen, die Klopflaute und Bewegungen schwerer Gegenstände gehen rhythmisch vor sich, und das Erheben und Fallen von Tischen usw. geht nicht ruckweise, sondern schwebend und pendelnd, gewissermaßen zitternd vor sich.
- Die Beschreibungen des zukünftigen Lebens entsprechen der Weltanschauung des Psychikers.

6. Sir Oliver Lodge

Sir Oliver Lodge sagt: »Wenn jemand daran liegt, zu hören, welche Überzeugung sich mir als Gelehrten, der schon zwanzig Jahre mit diesen Fragen vertraut ist, aufgedrängt hat, so will ich ihm so offen Antwort stehen, als ich kann. Ich bin für alle persönlichen Ziele von der Dauer des menschlichen Daseins über den Tod hinaus überzeugt, und wenn ich auch diesen Glauben nicht voll und ganz rechtfertigen kann, so ist es doch ein Glaube, der sich aus wissenschaftlichen, auf Tatsachen und Erfahrungen beruhenden Nachweisen ergeben hat.«[4]

7. Friedrich Zöllner

Friedrich Zöllner, Professor der Astro-Physik, Universität Leipzig. Durch ausführliche Versuche mit Slade kam Zöllner zu der Überzeugung, daß die direkte Schrift kein Taschenspielerkunststück, sondern wahrhafte Tatsache sei, welche er sich mit der mathematischen Vorstellung eines vierdimensionalen Raumes erklärte. Er sagt: »Ich habe in der nun bereits oben zitierten Abhandlung (Über Wirkungen in die Ferne) einige von den physikalischen Erscheinungen diskutiert, welche solche vierdimensionale Wesen auszuführen imstande sein müßten, falls es ihnen unter gewissen Umständen gestattet ist, sichtbare, daß heißt uns dreidimensionalen Wesen vorstellbare Wirkungen in der realen Körperwelt zu erzeugen. Als eine solche Wirkung hatte ich ausdrücklich die Verschlingung eines Fadens ohne Ende diskutiert. Wenn ein solcher Faden mit seinen Enden zusammengeknüpft und mit einem Siegel versehen worden ist, so müsste ein intelligentes Wesen, welches willkürlich vierdimensionale Biegungen und Bewegungen mit dem Faden vornehmen könnte, imstande sein, ohne Lösung des Siegels einen oder mehrere Knoten in den einfachen Faden zu knüpfen. Dieser Versuch ist mir nun mit Hilfe des amerikanischen Mediums Mr. Henry Slade zu Leipzig am 17. Dezember 1877 vormittags 11 Uhr innerhalb einer Zeit von wenigen Minuten gelungen.«

Zöllner setzt ausführlich die Maßregeln auseinander, die von ihm und seinen wissenschaftlich geschulten Mitforschern getroffen worden waren, um jeden Betrug auszuschließen, und fährt dann fort:

»Um die auf menschlichem Zeugnis beruhenden Tatsachen uns unerklärlicher Erscheinungen womöglich gänzlich auszuschließen,

---

4 Siehe Robert J. Thompson, »Beweise für ein Leben nach dem Tode«.

war ich darauf bedacht, solche Experimente zu ersinnen, bei denen die als Endresultat hervortretende bleibende Wirkung, nach unserer bisherigen Auffassung der Naturgesetze, vollkommen unerklärlich ist. Zu diesem Zweck hatte ich folgende Versuche vorbereitet:

»Zwei Holzringe, der eine von Eichen-, der andere von Erlenholz waren jeder aus einem Stück gedrechselt ... Wenn diese beiden Ringe, ohne daß ihr Zusammenhang gelöst wird, ineinander gekettet werden könnten, so würde man sich nachträglich durch genaue mikroskopische Untersuchung von dem unverletzten Zusammenhang der Holzfasern überzeugen können. Da außerdem zwei verschiedene Holzarten gewählt wurden, so ist die Möglichkeit, beide Ringe aus ein und demselben Stück Holz zu schneiden, gleichfalls ausgeschlossen. Zwei solche ineinander gekettete Ringe würden demnach für sich ein Wunder darstellen, das heißt eine Erscheinung, die wir auf Grund unserer bisherigen Vorstellungen vom Zustandekommen physikalischer oder organischer Prozesse absolut unfähig wären, zu erklären.

»Aus einem getrockneten Darme, wie er zur Wurstfabrikation gebraucht wird, wurde ein in sich geschlossenes Band von etwa vier bis fünf Millimeter Breite und 400 Millimeter Umfang ausgeschnitten. Im Falle in diesem Bande eine Knotenschürzung stattfand, konnte gleichfalls nachträglich durch mikroskopische Untersuchung konstatiert werden, ob hierbei der Zusammenhang der Teile jenes Streifens gelöst worden sei oder nicht.

»Am 9. Mai dieses Jahres sieben Uhr befand ich mich allein mit Slade in unserem gewöhnlichen Sitzungszimmer. Der Himmel hatte sich im Lauf des Nachmittags unter dem Einfluss eines frischen Windes zu einer seltenen Klarheit aufgehellt, so daß das nach Westen gelegene Zimmer von den Strahlen der untergehenden Sonne hell erleuchtet war. Die beiden Holzringe nebst dem oben erwähnten, aus einem Stück eines Darms geschnittenen Bande waren an einer ca. 1 Millimeter dicken und 1 m langen Darmsaite aufgereiht. Letztere war mit ihren beiden Enden von mir durch einen Doppelknoten zusammengeknüpft und alsdann in der früheren bei den

Bindfäden angegebenen Weise mit meinem Petschaft eigenhändig versiegelt worden. (Veranschaulicht durch ein dem Bericht angefügtes Bild.)

»Nachdem ich in der gewöhnlichen Weise mit Herrn Slade am Tische Platz genommen hatte, legte ich beide Hände fest auf den oberen Teil der versiegelten Darmsaite, wie dies auf Bild 163 nach der Natur fotografiert ist. Der kleine runde Tisch war kurz nach unserem Eintritt in das Zimmer an die auf Bild 163 abgebildete Stelle gesetzt worden.

»Nachdem einige Minuten verstrichen waren, und Slade wie gewöhnlich während physikalischer Manifestationen Lichter zu sehen behauptete, verbreitete sich ein schwacher Brandgeruch im Zimmer, der unter dem Tisch hervorzudringen schien und etwas an den Geruch schwefliger Säure erinnerte. Kurz darauf hörte man an dem kleinen runden Tisch mir gegenüber vorübergehend ein Klappern wie von zwei aneinander stoßenden Hölzern. Als ich fragte, ob wir die Sitzung schließen sollten und das Werk vollendet sei, wiederholt sich das Klappern dreimal hintereinander. Unmittelbar darauf erhoben wir uns, um zunächst die Ursache des Klapperns an dem runden Tisch zu erforschen. Zu unserem größten Erstaunen befanden sich die beiden Holzringe, welche ungefähr sechs Minuten vorher noch an der Darmsaite aufgereiht waren, unversehrt um den Fuß des kleinen Tisches, wie dies auf Bild Seite 873 dargestellt ist. Die Darmsaite enthielt zwei Schlingen, welche in dem unversehrten endlosen Darmstreifen angebracht waren ...«

8. Dr. Carl du Prel

Dr. Carl du Prel[5]: »... Zu den Fähigkeiten der Somnambulen gehören nun auch solche, welche unbestreitbar jeder physiologischen Erklärung spotten, z. B. Fernsehen und Fernwirken. Man kann ein zeitliches Fernsehen unmöglich den körperlichen Gehirnzellen zuschrei-

---

5   Vgl. Dr. Carl du Prel, Philosophie der Mystik 1855.

ben. Wer also einem Fall von Fernsehen auch nur ein einziges Mal begegnet, ist logischerweise genötigt, einen Träger dieser Fähigkeit vorauszusetzen, und zwar einen vom leiblichen Menschen verschiedenen und unabhängigen Träger. Diesen kennen wir aber nicht; wir sind uns unserer somnambulen Fähigkeit nicht bewusst und können sie nicht willkürlich gebrauchen. Daraus folgt, daß unser Selbstbewußtsein sich nicht über unser ganzes Wesen erstreckt. Es steckt also in uns verborgen, unserem irdischen Selbstbewußtsein entzogen, ein Wesenskern, der eine durchaus andere Anpassung an die äußere Welt zeigt als die leibliche. Er ist der Träger der okkulten Fähigkeiten. Wir sind also ein Doppelwesen, und die irdische Leiblichkeit samt dem leiblich bedingten Bewusstsein bildet nur die eine Seite unserer Existenz. Damit lebt aber das Problem der Unsterblichkeit wieder auf, das für die Wissenschaft nur darum optisch verschwunden war, weil sie nur die leibliche Seite des Menschen in Betracht zog. Der Tod beseitigt nur die leibliche Form der Erscheinung; wenn wir aber Fähigkeiten besitzen, die nicht an der Leiblichkeit haften, so wird deren Träger vom Tode nicht betroffen. Er lebt also mit den nicht leiblich bedingten Fähigkeiten fort. Sollten es etwa solche Wesen sein, denen die Phänomene des Spiritismus zuzuschreiben sind? … Ich kann nun meine Wanderung zusammenfassen: Die Astronomie lehrt mich, daß das Gesetz der Anpassung im ganzen Kosmos gilt. Der Darwinismus lehrte mich, daß es auf der Erde Millionen von Anpassungsarten der Lebewesen an die Natur gibt. Wiewohl hier das Bildungsmaterial der Wesen das Gleiche ist, die Zelle, so finden wir doch schon auf der Erde Zellwesen, die sich gegenseitig verborgen bleiben. Wir können aber unmöglich annehmen, daß diese so unerschöpflich reiche Natur nur über dieses eine Mittel, die Zelle, verfügt, um das Leben kosmisch durchzusetzen. Nichts hindert uns, Wesen sogar von ätherischer Natur anzunehmen, die ebendarum auch die Fähigkeit des Äthers besitzen. Dies ist also das Verhältnis zwischen Somnambulismus und Spiritismus: die Agenten sind in beiden gleichartig, dort wirken sie ohne den Gebrauch der Körperlichkeit, hier ohne den Besitz der

Körperlichkeit, durch Kräfte und Fähigkeiten, die vorbehaltlich der Grundunterschiede wesentlich gleich sind. Der Somnambulismus ist also der abgeschwächte Spiritismus des Diesseits; der Spiritismus ist der gesteigerte Somnambulismus des Jenseits.«

9. Camille Flammarion

Camille Flammarion, Direktor der Sternwarte zu Juvisy-Paris, sagt in seinem Werk »Rätsel des Seelenlebens« (Julius Hoffmann, Stuttgart):

»Absolut wissen wir gar nichts. Unsere Urteile sind nur relativ und darum unvollkommen und unzuverlässig. Die wissenschaftliche Weisheit besteht also hauptsächlich darin, im Verneinen sehr maßzuhalten. Wir müssen bescheiden sein. ›Der Zweifel ist ein Zeichen der Bescheidenheit‹ sagt Arago. ›Er hat selten dem Fortschritt der Wissenschaft geschadet. Man soll aber nicht dasselbe von der Ungläubigkeit sagen.‹« –

»Es gibt noch eine große Anzahl unerklärter Tatsachen, die alle in ein unbekanntes Gebiet gehören, und zu ihnen zählen auch die Phänomene, mit denen wir uns hier beschäftigen wollen. Die Telepathie oder das Fernfühlen, die Erscheinungen oder Manifestationen Sterbender, Gedankenübertragung, das Sehen im Traum oder Somnambulismus bei geschlossenen Augen von Gegenden, Orten, Ereignissen, das Weissagen der Zukunft, die Ankündigungen und Vorahnungen, gewisse seltene magnetische Fälle, die unbewußten Diktate durch Tischklopfen, unerklärbare Geräusche, die Spukhäuser, die Levitationen, die dem Gesetz der Schwere entgegenwirken, das Bewegen und Fortbringen von Gegenständen ohne Berührung und von scheinbar materialisierten Kräften (so absurd es klingt) bewirkt die verschiedenen Kundgebungen »entkörperter Seelen« oder »Geister«. Und viele andere bizarre und jetzt noch unerklärliche Phänomene erregen unsere Neugier und unsere wissenschaftliche Aufmerksamkeit ...«

Nach seinen 425 Seiten einnehmenden Untersuchungen kommt der Astronom und strenge Wissenschaftler Flammarion zu dem Schluß: »Wir können aus der Gesamtheit der Fälle folgende Schlußfolgerungen ziehen:

- Die Seele existiert als eine wirkliche, vom Körper unabhängige Wesenheit.
- Sie ist mit Fähigkeiten ausgestattet, die bis jetzt der Wissenschaft unbekannt sind.
- Sie kann in die Ferne wirken und sehen, ohne Hilfsmittel der Sinne.
- Die Zukunft ist im Voraus bestimmt und durch die Ursachen, die sie herbeiführen, bedingt. Die Seele kann dies mitunter wahrnehmen.

Diese vier Punkte stehen fest und sind erwiesen.«

10. Charles Richet

Charles Richet, Professor der Physiologie, Universität Paris.

Der Pariser Physiologe Professor Charles Richet berichtet über seine Sitzungen in Algier (Materialisationssitzungen in Algier, Psychische Studien 1906, Seite 62):

»Ich sehe etwas wie eine weiße leuchtende Kugel, die über dem Boden schwebt und deren Umrisse unbestimmt sind. Dann erscheint plötzlich aus dieser Transformierung der weißlichen Leuchtkugel hervorgegangen, gerade und rasch, wie aus einer Falltür emporsteigend, das Phantom »Bien-Boa«. Seine Statur scheint mir nicht besonders groß zu sein. Es ist in ein faltenreiches Gewand gehüllt mit einem Gürtel um die Taille ... Der leuchtende Fleck auf dem Fußboden war dem Erscheinen des »Bien-Boa« vorhergegangen. Aus diesem heraus hatte sich die Gestalt sehr rasch nach oben emporsteigend entwickelt ... Ohne den Vorhang zu öffnen, sinkt er plötzlich zusammen und verschwindet auf dem Boden. Gleichzeitig hört man das Geräusch eines sich zu Boden werfenden Körpers. Drei bis vier Minuten später erscheint im Schlitze des Vorhangs dieselbe weiße Kugel wieder in der Höhe des Bodens, dann bildet sich ein rasch gerade in die Höhe steigender Körper, welcher bis zur Höhe eines erwachsenden Menschen aufsteigt und dann plötzlich wieder auf dem Boden zusammensinkt.

»Es hat sich vor meinen Augen außerhalb des Vorhanges ein lebender Körper gebildet, der aus dem Boden hervortauchte und wieder in dem Boden verschwand. Eine Falltür war nicht vorhanden.«

11. Alexander N. Aksakow

Alexander N. Aksakow, Kaiserl. Russischer Wirkl. Staatsrat, sagt in seinem hervorragenden Werke: »Animismus und Spiritismus« (Verlag Oswald Mutze, Leipzig):

»Seit ich mich an der spiritistischen Bewegung vom Jahre 1855 ab interessierte, habe ich nicht aufgehört, sie in allen ihren Details zu studieren – und zwar in allen Teilen der Welt und in allen Literaturen. Zuvor hatte ich die Tatsachen auf das Zeugnis anderer hingenommen; erst im Jahre 1870 wohnte ich der ersten Séance in einem von mir selbst gebildeten, intimen Zirkel bei; – ich war nicht erstaunt zu sehen, daß die Tatsachen wohl solche waren, wie sie von anderen berichtet standen; ich fasste die tiefe Überzeugung, daß wir in diesen Tatsachen – – wie in allem, was in der Natur existiert – – eine unerschütterliche Basis, einen festen Boden für die Grundlegung einer neuen Wissenschaft vom Menschen haben, welche in ferner Zukunft vielleicht die Lösung des Problems seiner Existenz verspricht. Ich tat, was in meinem Vermögen stand zur Verbreitung dieser Tatsachen, um die Aufmerksamkeit vorurteilsfreier Denker auf sie zu lenken.«

12. Prof. Dr. Cesare L'ombroso

Prof. Dr. Cesare L'ombroso, Physiologe und Kriminologe:
»Wir haben jetzt durch psychische und spiritistische Forschungen eine große Wahrscheinlichkeit erhalten, daß die Seele nach dem Tode fortbesteht und eine schwache Identität bewahrt, welcher die fortlebende Seele neues Leben und Wachstum aus dem umgebenden Milieu verschafft.« Vergl. Lombroso, Hypnotische und spiritistische Forschungen (Hoffmann, Stuttgart).

13. Prof. Dr. Huxley

Prof. Dr. Huxley: »Nach meinem Urteil liegt die Wirklichkeit der spiritualistischen Welt – – – der Wert des Beweises für ihre objektive Existenz und ihr Einfluss auf den Lauf der Dinge – – – ebenso innerhalb des Bereiches der Wissenschaft als irgendeine andere Frage über das Dasein und die Macht verschiedener Formen lebender und bewußter Tätigkeit.«

14. Dr. Ostwald

Dr. Ostwald, Professor der Physik, Leipzig.[6]

Vgl. Dr. A. Freiherr von Schrenck-Notzing, »Materialisationsphänomene« (Verlag Ernst Reinhardt, München), Seite 42:

»Dass es trotzdem nicht unmöglich ist, dieses an der Grenze des menschlichen Erkenntnisvermögens liegende Problem mit den heutigen physikalischen Theorien in Einklang zu bringen, darauf hat der bekannte deutsche Physiker Professor Ostwald (Leipzig) aufmerksam gemacht gelegentlich seiner Besprechung des Flammarionschen Werkes »Unbekannte Naturkräfte«. Ostwald kann sich dem Eindrucke nicht entziehen, daß es sich bei den von Flammarion

---

[6] Vgl. Professor W. Ostwald, Werdende Wissenschaften, technisch-naturwissenschaftliche Beilage der Zeit Nr. 2134.

gesammelten wissenschaftlichen verwertbaren Materialien um »beobachtete Tatsachen« handelt, die man generell zu leugnen nicht das Recht hat. Es wird besonders hervorgehoben, daß fast alle Medien betrügen, weil sie nicht immer die gewünschten Erscheinungen hervorzubringen vermögen und dennoch den Ruf ihrer besonderen Fähigkeit nicht verlieren möchten. Daher helfen sie, wenn es nicht gehen will, künstlich nach. Aber auch nach Abzug dieser Täuschungen bleibt, wie Ostwald ausführt, dennoch ein so großer Betrag wohlkonstatierter Tatsachen, daß man den Versuch machen muss, sich mit ihnen ins Verhältnis zu setzen. Ostwald wendet die energetische Weltauffassung in folgender Weise auf die mediumistischen Erscheinungen an:

»Gewisse Menschen vermögen ihren physiologischen Energievorrat (der bekanntlich fast ausschließlich als chemische Energie vorhanden ist) in andere Formen zu verwandeln, die sie durch den Raum versenden und an vorgeschriebenen Stellen in eine der bekannten Energien zurücktransformieren können. Das geht daraus hervor, daß die Medien meist sehr erheblich erschöpft werden, d. h. ihre Körperenergie verbrauchen. Auch eine Transformation in psychische Energie scheint möglich zu sein … In dieser Auffassung wird man nichts finden, was grundsätzlich den bekannten Naturgesetzen widerspräche. Es liegt also die Möglichkeit einer Wissenschaft vor.«

15. Dr. A. Freiherr von Schrenck-Notzing

Dr. A. Freiherr von Schrenck-Notzing, Psychiater und Arzt in München, sagt in seinem grundlegenden, klassischen Werke: »Materialisationsphänomene« (Verlag von Ernst Reinhardt, München):

»Die Beschäftigung mit den in Mißkredit stehenden sogenannten ›spiritistischen Erscheinungen‹ hat heute noch gewisse Nachteile für den betreffenden Forscher zur Folge. Nicht nur, daß man ihm Beobachtungsfähigkeit, kritische Besonnenheit und Glaubwürdigkeit abzusprechen pflegt und ihn durch den Vorwurf des »Scharlatanismus« der Lächerlichkeit preisgibt, so z. B. den verstorbenen Kriminalanthropologen Lombroso, sondern er läuft auch Gefahr, für geistig minderwertig, wenn nicht direkt für geisteskrank zu gelten, wie es bei dem Astronomen Zöllner und dem englischen Physiker Crookes geschehen ist …«

»… Kaum ein anderes Medium wirkte in den letzten 40 Jahren auf das Studium der spiritistischen Erscheinungen derart anregend und nachhaltig ein und gewann so viele überzeugte Anhänger in den Kreisen der Gelehrten, als Eusapia Paladino.« Der Verfasser verfolgte ihren Entwicklungsgang etwa sechzehn Jahre hindurch.

Der Verfasser erzählt, daß sich an den zur Erforschung der Phänomene angestellten Untersuchungen die folgenden Gelehrten beteiligt haben: Prof. Charles Richet (Paris), Prof. Lombroso (Turin), Prof. Danilewski (Petersburg), Prof. Flournoy (Genf), Prof. Sir Oliver Lodge (London), Prof. Sidgwick, Frederic Myers nebst anderen Gelehrten.

Schrenck-Notzing fährt fort: »Mißtrauisch gegen die Richtigkeit seiner eigenen Feststellungen fühlte der Verfasser sich immer von neuem zu Nachprüfungen veranlasst, die er 1896 (Mai) in Rom, 1898 (März) in Neapel, 1902 (April) in Rom und Neapel, 1903 (März) in Rom und endlich 1909 (April) in Genua und Nizza vornahm.[7] In diesem Misstrauen lag auch der Grund, warum über das Ergebnis dieser 55 Sitzungen bis jetzt nichts Näheres publiziert wurde.«

»… Wenn z. B. ein Gelehrter wie Morselli, Professor der Psychiatrie in Genua, der von jeher den Spiritismus literarisch bekämpft hat, zuerst als Neuling und Ungläubiger an den Sitzungen mit dem Medium Eusapia Paladino teilnahm, sich darauf von der Realität mediumistischer Vorgänge überzeugte und nun diesen Gegenstand mit wissenschaftlicher Exaktheit und Gründlichkeit studierte, so wird das Urteil eines solchen hervorragenden Psychologen sehr schwer in die Wagschale fallen … Derselbe betont immer wieder,

---

7   Schrenck-Notzing setzte diese Studien in Jahrelanger Forschung in München fort. C. A. M.

daß über die Wirklichkeit der Eusapianischen Phänomene nicht der geringste Zweifel bestehen kann ...«

»... Der Spiritismus ist nach Morsellis Auffassung eine Religion und hat als solche seine Apostel, seine Priester, seine Dogmen, seine Rituale und seine Zeremonien.«

»... Die Grundlage der objektiven Registrierung bildete ... das photographische Verfahren, angefangen mit einzelnen Apparaten, bis am Schluß des vierten Jahres mitunter neun photographische Apparate (darunter mehrere stereoskopische) zugleich in Tätigkeit traten ...«

»In den letzten Jahren konnten die Phänomene vielfach mit elektrischen Handlaternen (rot und weiß) von den Anwesenden beleuchtet werden. In einzelnen Sitzungen wurden die Vorhänge gar nicht mehr geschlossen und man beobachtete die Entwicklung der Phänomene oftmals von Anfang bis zu Ende bei immobilem, sichtbarem Körper des Mediums ...«

16. Ingenieur Fritz Grunewald

Fritz Grunewald,[8] Ingenieur aus Charlottenburg (bei Berlin):

»Gleich die erste Sitzung am 15. April, bei der vorerst noch allein die Mediumwaage in Betrieb war, ergab ein unerwartet großes Resultat. Es traten Belastungsänderungen der Mediumwaage im negativem und positivem Sinn auf, derart, daß scheinbare Gewichtsverminderungen des auf der Mediumwaage sitzenden Mediums bis um 25 kg und Gewichtszunahmen bis um 10 kg konstatiert wurden, bei einem Normalgewicht des Mediums von rund 60 kg. Es wurde also das Phänomen der Levitation des menschlichen Körpers und die Umkehrung davon, das Phänomen des Schwererwerdens, festgestellt, das ich als Antilevitation bezeichnen will ...«

Von einer anderen Sitzung berichtet der Verfasser:

---

8   Vgl. Physikalisch-mediumistische Untersuchungen von Fritz Grunewald, Verlag Johannes Baum, Pfullingen in Württemberg.

»In einer weiteren Hinsicht war diese Sitzung noch ausgezeichnet vor den früheren. Es gelang nämlich gegen Schluß derselben, bei der siebenten Beeinflussung der Tischwaage, die sich wie die vorhergehenden durch das Geräusch der aneinander gleitenden Teile für das Ohr bemerkbar machte, eine photographische Blitzlicht-Aufnahme zu bewerkstelligen. Diese ist insofern glänzend gelungen, als der eine genau über der Mitte der Tischwaage in 2 m Höhe über dem Fußboden angeordnete Stereoapparat das Bild der ganzen Apparatanordnung von oben gesehen wiedergibt ...«

»Der Zeit ist von Einstein der ihr früher fälschlich zugeschriebene Charakter des Absoluten genommen worden. Im Zusammenhang mit der Erkenntnis der Relativität des Zeitbegriffes steht die neuartige Anschauung, daß alles physikalische Geschehen in einem vierdimensionalen Raum-Zeit-Gebiet sich abspielt, welches dem Schöpfer dieser Anschauungsform zu Ehren Minkowski-Welt genannt wird. In Verbindung mit der exakten Formulierung seines allgemeinen Relativitätsprinzips ist es Einstein gelungen, eine großartige Theorie der Gravitation auf geometrischer Grundlage zu entwickeln. Die Physik lässt sich nach den neuesten, auf der allgemeinen Relativitätstheorie fußenden und besonders durch Weyl geförderten Erkenntnissen auffassen als die Geometrie der vierdimensionalen Minkowski-Welt, welche letzten Endes zurückgeführt werden kann lediglich auf Beziehungen zwischen Größen, welche Elektrizität und Gravitation miteinander verknüpfen.

»Parallel mit dieser großartigen Entwicklung in der Auffassung des inneren Zusammenhanges aller physikalischen Gesetzmäßigkeiten ist die Erkenntnis vom Aufbau dessen gegangen, was wir Materie nennen. Das Atom, das lange Zeit als die letzte unteilbare Einheit der Materie galt, hat sich als ein äußerst kompliziertes Gebilde von in Bewegung befindlichen Elektronenverkettungen erwiesen ... Das Atom hat damit den Charakter des absolut Starren verloren, den man ihm zuvor zugeschrieben hatte ...

»... Das, was einer streng wissenschaftlichen Untersuchung des Okkultismus vorläufig noch die meisten Schwierigkeiten bereitet, ist der Umstand, daß hier psychisches Geschehen mit physikalischen Erscheinungen eng verbunden auftritt ... Die gute Hälfte dieses Gebietes ist wohl wesentlich ein psychologisches Problem, das letzten Endes sich ins Gebiet der Religion verliert. Die andere Hälfte dagegen muss gleicherweise die biologischen Wissenschaften wie die Physik einschließlich ihrer Schwester, der Chemie, interessieren ...«

17. W. J. Crawford, Dr. Sc.

W. J. Crawford, Dr. Sc., Professor der Physik, Universität Belfast.

Zu den neuesten mit wissenschaftlicher Gründlichkeit durchgeführten Untersuchungen gehören die Arbeiten des Prof. Crawford, der seine Ergebnisse in den beiden Werken niedergelegt hat: »The Reality of Psychic Phenomena, London, John M. Watkins 1919« und »Experiments in Psychical Science, London, John M. Watkins 1919«. Prof. Crawford ist in dem Sinne Spiritist, daß er außerhalb der zum Menschengeschlecht gehörigen Wesen die Existenz anderer, intelligenter Wesen annimmt, mit denen Menschen unter geeigneten Verhältnissen in Verbindung treten können. Prof. Crawford hat für einzelne der mediumistischen Erscheinungen zum ersten Mal physikalische Gesetze nachgewiesen. Er hat Abdrücke der sich aus dem Medium entwickelnden, materieartigen Fluoreszenzen (Teleplasma) erhalten (in Glaserkitt usw.) und hat dieses Teleplasma in zahlreichen Fällen photographiert.

18. Dr. Gustave Geley

Dr. Gustave Geley, Psychologe und Arzt, Paris.

Dr. Geley berichtete die Resultate seiner Untersuchungen über »Supranormale Physiologie und die Phänomene der Ideoplastik« in einem Vortrag, den er vor den Mitgliedern des Psychologischen Instituts im Collège de France (Paris) am 28. Jan 1918 hielt. Mehr als 100 Männer der Wissenschaft nahmen an diesen Untersuchungen teil; sie konnten die Materialisationen sehen, fotografieren und wiederholt berühren. Geley sagt: »Wie unerwartet, wie seltsam, wie unmöglich auch solche Manifestation erscheint, ich habe nicht mehr das Recht, einen Zweifel über ihre Wirklichkeit zu äußern.« Aus dem Körper des Mediums treten weißliche, bewegliche, leuchtende Flocken, dann folgt leuchtende, mit Eigenbewegung begabte Substanz, amorph oder polymorph, bald wie ein streckbarer Teig, bald eine protoplastische Masse, bald zahlreiche dünne Fäden, Schnüre, gewebeartige Bänder. Dieses Teleplasma ist leicht empfindlich, namentlich gegen Licht, erträgt aber in gewissen Fällen selbst das Tageslicht und kann blitzartig schnell verschwinden. Jede Berührung der Substanz wirkt schmerzhaft auf das Medium zurück. Das Teleplasma hat starke Neigung zur Organisation und gestaltet sich zu anscheinend menschlichen Gliedern, bildet Finger, Gesichter, allmählich entstehende Köpfe und Körper. Das materialistische Organ hat Aussehen und Eigenschaften des lebenden Organismus. Dr. Geley sagt: »Die normale und supranormale Physiologie streben dahin, den Begriff der Einheit der organischen Substanz festzustellen. In unseren Experimenten haben wir an allem beobachtet, daß sich vom Körper des Mediums eine einheitliche, amorphe Substanz exteriorisiert, aus welcher dann die verschiedenen ideoplastischen Formen entstehen. Wir haben gesehen, wie sich diese einheitliche Substanz unter unseren Augen organisierte und transformierte.

Wir sahen eine Hand aus der Masse der Substanz hervorgehen; eine weiße Masse wird zum Gesicht, wir haben gesehen, wie in wenigen Augenblicken das Gebilde eines Kopfes der Form einer Hand Platz macht, sie konnten durch das übereinstimmende Zeugnis von Gesicht und Getast den Übergang der amorphen, nicht organisierten Substanz zu einem organisch gestalteten Gebilde erkennen, das momentan alle Attribute des Lebens hatte, eine vollständige Bildung, in Fleisch und Bein, um populär zu sprechen. Wir haben diese Form verschwinden sehen, zurücksinken in die ursprüngliche Substanz und dann beobachtet, wie sie in einem Augenblick durch den Körper des Mediums resorbiert werden.«

Geley sagt zum Schluß: »Ich sage *nicht:* ›Es wurde in diesen Sitzungen nicht betrogen.‹ Sondern ich sage: *die Möglichkeit zu einem Betrug war überhaupt nicht vorhanden!* Ich kann es nicht oft genug wiederholen! Die Materialisationen haben sich immer vor meinen Augen gebildet, ich habe ihre ganze Entstehung und Entwicklung mit eigenen Augen beobachtet.« (Nicht nur mit eigenen Augen, sondern mit den unbestechlichen Augen der photographischen Platte. Dr. Geley erhärtet seine Aussagen durch zahlreiche Photographien. C. A. M.)[9]

Wer über die obigen auf streng wissenschaftlich durchgeführten Untersuchungen beruhenden Zeugnisse und Urteile wissenschaftlich nachdenkt, wird, namentlich, wenn er selbst Gelegenheit zur experimentellen Nachprüfung hatte, zu folgenden, unumstößlichen Schlüssen kommen müssen:

»Bestimmt veranlagte Menschen, Medien genannt, besitzen eine unanfechtbar, mit allen Mitteln wissenschaftlicher Kritik nachgewiesene, wenn auch bisher sehr unvollständig erforschte Kraft, welche unter bestimmten Bedingungen Phänomene erstaunlicher Art hervorbringt. Die seit mehr als einem halben Jahrhundert von einzelnen, an der Spitze ihrer Wissenschaft stehenden Forschern durchgeführten experimentellen Untersuchungen entsprechen allen Anforderungen streng wissenschaftlicher Methode, unter Zuhilfenahme exakt wissenschaftlicher Instrumente (Galvanometer, elektrische Sicherungen, photographische Platte, Kinematograph, Waage usw.) und peinlicher Beobachtung raffinierter wissenschaftlicher Vorsichtsmaßnahmen (genaueste Kontrolle des Medium, seines nackten Körpers, seiner Kleidung, seiner Umgebung, Fesselung durch Stricke und elektrische Anordnung, Blitzlicht usw.) –

---

9   Vgl. Geley, De L'inconscient en Conscient, Paris 1919 und Prof. Hyslop, Supernormal Physiology and the Phenomenon of Ideoplastic. Journal of the American Society of Psychic Research XIII Mai 1919.
– – –

Maßregeln, welche in der Hand des Wissenschaftlers (dem wiederholt hervorragendste Prestigiateure[10] zur Seite standen) jeden Betrug, ohne sofortige Aufdeckung, ausgeschlossen haben. Die Existenz dieser »psychischen Phänomene« ist also mit derselben Sicherheit bewiesen, wie die Existenz irgendeines anderen Naturphänomens, z. B. des Blitzes, des Magnetismus, des Erdbebens. Die mediumistische Kraft und ihre Wirkungen sind bisher sehr unvollständig erforscht, zum großen Teil deshalb, weil die orthodoxe Wissenschaft die Tatsachen geleugnet und sich spöttelnd ferngehalten hat. Die Möglichkeiten, welche aber im Schoße dieser heut noch geheimnisvollen Kräfte liegen, sind in ihrer wissenschaftlichen wie religiösen Auswirkung so ungeheure, daß sie für die menschliche Entwicklung eine heute noch unberechenbare, vielleicht ausschlaggebende Bedeutung erlangen können.«

Dieses aus unserer bisherigen Betrachtung sich ergebende Endurteil kann von niemandem abgeleugnet oder auch nur erschüttert werden; der sich mit diesen Forschungen befaßt hat. Und mit dieser Erkenntnis wälzt sich auf unsere Schultern die Last einer furchtbaren Verantwortung.

Die Zeit schreit nach einem Gotte, sagte ich schon oben, schreit nach Liebe, schreit nach Erkenntnis, schreit nach heiliger Verwendung der im All verborgenen Kräfte. Sollen die Möglichkeiten, welche im Schoße mediumistischer Begabung liegen, unbenutzt bleiben, inmitten der von geistigem und physischem Hunger geplagten menschlichen Gemeinschaft?

Während des grausamsten aller Kriege ist die alte Welt in Blut, Verlogenheit, Selbstsucht und Unwissenheit zugrunde gegangen. Aber aus den Trümmern streckt ein neuer Gott der Erkenntnis die segnende Hand nach uns aus. Wer hat den Mut, sie höhnend zurückzustoßen?

---

10 Prestigiateur (frz., spr. -ischiatöhr), Gaukler, Taschenspieler. Quelle: Brockhaus-KKL5 Bd. 2, S. 452.

Wenn jemals, so wird in dieser Zeit des Jammers die Ergründung der Kräfte der Natur höchste Pflicht. Denn wir wollen nicht unseren Gott als nebelhaftes, von menschlicher Torheit und Gier geformtes Gebilde glauben, wir wollen ihn wissen ... soweit die uns gegebenen Kräfte reichen ... ihn – – die heilige Einheit aller Kräfte, unseren Gott, unseren Vater.

Und in diesem Geiste, in dieser Absicht übergebe ich meine Übersetzung des kleinen Werkes »The New Revelation« der deutschen Öffentlichkeit. Ich kenne den Verfasser, Sir Arthur Conan Doyle, seit langen Jahren und habe ihn als Vorkämpfer für die Wahrheit, (wenn ich selbst auch öfters nicht seiner Ansicht war), als Beschützer der Unterdrückten, als Urbild des »Gentleman« bewundern und achten gelernt. Ihn durchglüht der hehre Wunsch, sich ganz in den Dienst der Göttlichkeit und Menschheit zu stellen. »Ich will der Evangelist dieser Botschaft sein!« schrieb er mir.

Ein wahrhaft ehrlicher Mann spricht zu uns aus der Tiefe seines Gewissens heraus. Aber auch ein mit durchdringendem Verstande begabter Beobachter, der schon am Beginn seiner Laufbahn als Schöpfer des scharfsinnigsten aller Detektive, Sherlock Holmes, die weltweite Beachtung fand, wie kaum ein anderer moderner Schriftsteller. Und überdies hat Sir Arthur Conan Doyle die naturwissenschaftliche Schulung eines Arztes durchgemacht, zunächst auf der Universität, dann in langjähriger Praxis. Ein solcher Mann, der wissenschaftliche Qualifikationen mit besonderem Scharfsinn und einer über jeden erhabenen Ehrlichkeit verbindet, hat ein Recht darauf, angehört zu werden, wenn er – in Übereinstimmung mit anderen hervorragenden Forschern – der Überzeugung ist, in langjähriger Arbeit neue Wahrheiten von ungeheurer Bedeutung gefunden zu haben.

Und dennoch: Niemand würde aufrichtiger verschmähen, unser Urteil durch bestechende Dialektik und Kniffe seiner Überredungsgabe blenden zu wollen, als Conan Doyle. Und darum spreche ich in seinem Sinne, wenn ich zum Schluß meiner Ausführungen mahne: In voller Erkenntnis unserer Verantwortung und der tieferen

Bedeutung der mit der Äußerung mediumistischer Kräfte verbundenen Fragen wollen wir vorurteilsfrei an die Untersuchung herantreten, wollen dieselbe mit durchaus selbständigem Urteil durchführen und wollen das, was wir nach gewissenhafter Prüfung gefunden haben, ehrlich und freudig bekennen, ohne anderen Wunsch, als der Menschheit zu dienen.

Königstein in Taunus, August 1921

Dr. Curt Abel-Musgrave.

Erster Teil: Auf der Suche

Ich habe über kein anderes Problem länger nachgedacht und mein Urteil langsamer gebildet als über das Problem psychischer Forschungen und Erscheinungen. Ab und zu wird man auf seiner Lebensbahn durch einen kleinen Zwischenfall unliebsam daran erinnert, daß die Zeit dahinschwindet mit Jugend und gereiftem Mannesalter.

Solch ein Ereignis trug sich kürzlich zu. In der vortrefflichen kleinen Zeitschrift »Light« wird eine besondere Spalte der Erinnerung an die Geschehnisse vor einem Menschenalter – etwa dreißig Jahren – gewidmet. Da las ich kürzlich zu meiner Überraschung meinen eigenen Namen unter einem Brief aus dem Jahre 1887, in welchem ich über ein interessantes Erlebnis in einer spiritistischen Sitzung berichtet hatte. Mein Interesse an diesem Problem ist somit ein altes, und mein Urteil ist kein hastig gebildetes. Erst während der letzten zwei Jahre habe ich die endgültige Erklärung abgegeben, die Beweiskraft des mir gebotenen Materials als zufriedenstellend und überzeugend anzuerkennen.

Wenn ich einige meiner persönlichen Erfahrungen und Schwierigkeiten schildere, so hoffe ich, werden mir meine Leser nicht egoistische Motive unterschieben. Auf dem eingeschlagenen Weg lassen sich vielmehr die Punkte, die auch jedem anderen Sucher begegnen werden, am klarsten und schärfsten in ihren Umrissen skizzieren. Haben wir diesen Weg zusammen zurückgelegt, so werden wir zu Dingen fortschreiten können, die weniger persönlichen und allgemeineren Charakter tragen.

Nachdem ich im Jahre 1882 mein medizinisches Studium beendet hatte, vertrat ich, wie viele andere junge Mediziner, in der Frage unserer persönlichen Bestimmung eine durchaus materialistische Auffassung. Doch hatte ich nie aufgehört, ein ernster Geist zu sein, denn mir schien es, als ob die Frage Napoleons niemals beantwortet worden sei – damals, als er in der sternklaren Nacht Ägyptens die atheistischen Gelehrten frug: »Und meine Herren, wer hat diese

Sterne gemacht?« Behauptet man, das Universum sei das Werk unwandelbarer Gesetze, so schiebt man die Antwort nur zurück, ursächlich und zeitlich. Denn wer hat diese Gesetze gemacht? Natürlich glaubte ich nicht an einen anthropomorphen Gott, aber dennoch besaß ich damals schon meine heutige Überzeugung, daß sich hinter all den Erscheinungen der Natur eine intelligente Kraft verbirgt, unendlich komplex und erhaben, und daß mein endlicher Verstand gerade bis zur Feststellung der Existenz dieser Kraft vordringen kann. Recht und Unrecht erschienen mir ebenfalls schon damals als große, klare Tatsachen, die keiner göttlichen Offenbarung bedürfen. Aber in der Frage des Fortlebens unserer kleinen Persönlichkeit nach dem Tode, schien mir die ganze Analogie der Natur als verneinender Beweis. Sobald das Licht zu Ende gebrannt, ist es verschwunden. Zerbricht die elektrische Batterie, so hört der Strom auf. Mit der Auflösung des Körpers kommt das Ende. Jeder einzelne von uns mag in seiner Selbstsucht annehmen, daß er eigentlich verdiene weiterzuleben. Aber würde irgendjemand die Behauptung wagen, daß ein vernünftiger Grund vorhanden sei, den durchschnittlichen Müßiggänger und Tunichtgut hoher oder tiefer Gesellschaftsschichten mit seiner Persönlichkeit fortleben zu lassen nach seinem natürlichen Tode? Derlei Annahme schien mir Verblendung. So war ich denn überzeugt, daß der Tod tatsächlich das Ende bringe – wenn ich auch in solcher Tatsache keinen Grund erblickte, unsere Pflichten gegen die Menschheit während unseres vorübergehenden Daseins schmälernd zu beeinflussen.

In dieser Gemütsverfassung kam ich zum ersten Male mit dem spiritistischen Phänomen in Berührung. Bis dahin hatte ich die ganze Sache als den größten Unsinn auf Erden betrachtet. Ich hatte von der Entlarvung betrügerischer Medien gehört und wunderte mich, wie irgendein vernünftiger Mensch solche Dinge glauben könne. Da traf ich mit einigen Freunden zusammen, die sich für die Frage interessierten, und ich beteiligte mich mit ihnen an Sitzungen, verbunden mit »Tischrücken«. Wir erhielten zusammenhängende Botschaften. Aber als einziges Resultat dieser Erlebnisse hatten wir, fürchte ich, die Tatsache zu verzeichnen, daß ich meine Freunde mit Argwohn betrachtete. Sehr oft waren es lange, sich ruckweise einstellende Botschaften. Der Zufall konnte sie unmöglich hervorbringen. Also war's irgendjemand, der den Tisch bewegte. Ich hatte meine Freunde in Verdacht, sie wahrscheinlich mich. Jedenfalls stand ich vor einem Rätsel und fühlte mich bedrückt, denn ich konnte mich doch nicht zu der Annahme entschließen, daß meine Freunde fähig waren, einen Betrug zu verüben. Und dennoch konnte ich mir diese Botschaften ohne bewusst auf den Tisch ausgeübten Druck nicht erklären.

Ungefähr um diese Zeit – es war im Jahre 1886 – fiel mir ein Buch in die Hand: »Die Erinnerungen des Richters Edmunds.« Der Verfasser war Richter der Vereinigten Staaten High Courts, ein Mann in hoher gesellschaftlicher Stellung. Seine Gattin war gestorben, so schreibt er, und jahrelang war er imstande gewesen, mit ihr in Verbindung zu bleiben. Alle Einzelheiten waren geschildert. Ich las das Buch mit Interesse, doch mit völligem Skeptizismus. Mir schien es ein Beweis dafür zu sein, daß ein im harten, praktischen, nüchternen Leben stehender Mann eine schwache Stelle in seinem Gehirn haben könne, gewissermaßen als Reaktion gegen die nüchternen Tatsachen seiner täglichen Arbeitsleistung. Wo befand sich denn der Geist, von dem dieser Mann faselte? Man bedenke einmal: irgendjemand verletzt sich den Schädel während eines Unglückfalls, so kann sein ganzer Charakter in Mitleidenschaft gezogen werden, aus einer hoch angelegten Natur kann plötzlich eine tiefstehende werden. Alkohol, Opium und viele andere Agentien können offenbar das Seelenleben des Menschen gänzlich verändern. Also hängt der Geist von der Materie ab. In diesen Bahnen bewegten sich meine damaligen Argumente, weil ich mich nicht zu der Erkenntnis aufgeschwungen hatte, daß sich in solchen Fällen nicht der Geist verändert, sondern der Körper, durch dessen Vermittlung der Geist arbeitet, ebenso wie man kein Recht hätte, die Existenz des Musikers wegzuleugnen, wenn man das Instrument desselben untauglich macht, so daß nur Mißtöne entstehen können.

Aber trotz alledem war ich genügend interessiert, um die Literatur zu lesen, die mir gerade in die Quere kam. Da war ich denn erstaunt über die Zahl großer Männer, – Männer im Vordergrunde der Wissenschaft – welche durchdrungen waren von der Überzeugung, daß Geist von Materie unabhängig sei und daß Geist die Materie überleben könne. Solange ich den Spiritismus als vulgäre Delusion ungebildeter Leute betrachten durfte, konnte ich vornehm auf denselben herabblicken. Sobald aber der Spiritismus Fürsprecher fand in Leuten wie Crookes (den ich als einen der am meisten versprechenden, aufstrebenden britischen Chemiker kannte), wie Wallace (der mit Darwin um die Palme rang) wie Flammarion (einem der hervorragendsten Astronomen) – ja, dann allerdings ließ sich die Sache nicht so einfach ad acta legen. Gewiß ist's kein Kunststück, die Schriften nichtachtend beiseite zu schleudern, in welchen diese Männer ihre sorgfältigen Untersuchungen und gereiften Schlußfolgerungen niedergelegt haben. Kein Kunststück zu sagen: »Naja, er hat eben eine wunde Stelle in seinem Gehirn!« Man muss schon in hohem Maße mit sich selbst zufrieden sein, wenn man nicht eines Tages dazu kommt, sich selbst die Frage zu stellen, ob nicht vielleicht solch wunder Punkt im eigenen Hirn vorhanden sei. Mein Skeptizismus fand einige Zeit lang in der Tatsache Nahrung, daß viele berühmte Männer wie Darwin, Huxley, Tyndall und Herbert Spencer diesen neuen Zweig des Wissens verlacht haben. Sobald ich aber erfuhr, daß ihre Abneigung so weit ging, daß sie nicht einmal die Sachlage untersuchen wollten, – so weit, daß Spencer erklärte, er habe sein Urteil aus a priori Gründen gefällt – so weit, daß Huxley sagte, die Sache interessiere ihn überhaupt nicht, – ja, dann mußte ich gestehen, daß diese Männer, so groß sie auch in ihren Wissenschaften waren, in dieser Frage wenigstens höchst unwissenschaftlich und dogmatisch gehandelt hatten. Im Gegensatz zu ihnen folgen diejenigen, welche das Phänomen studieren und seine Gesetze aufsuchen, dem wahren Weg, der allein uns zu aller wissenschaftlichen Erkenntnis und fortschrittlichen Entwicklung geführt hat. Jetzt stand mein Skeptizismus nicht mehr auf so sicherer Grundlage wie vorher.

Allerdings wurde er durch meine eigenen Experimente einigermaßen bestärkt. Da ich aber ohne ein Medium arbeitete, glich ich einem Astronomen, dem kein Teleskop zur Verfügung steht. Ich selbst besitze keinerlei eigene psychische Kräfte, und meine Mitarbeiter waren ungefähr in derselben Lage. Zusammen konnten wir gerade genug von der magnetischen Kraft aufbringen – oder wie man dieselbe nun benennen soll – um Bewegungen des Tisches hervorzurufen und verdächtige, oft recht dumme Botschaften zu übermitteln. Noch heute bewahre ich meine Aufzeichnungen betreffs dieser Sitzungen und Kundgebungen. Sie waren aber nicht immer so ganz töricht. Als ich einmal eine Probefrage stellen und wissen wollte, wie viele Geldstücke sich in meiner Tasche befanden, kam die Antwort: »Wir sind hier versammelt, um uns zu erziehen und zu erheben, nicht um Rätsel zu raten.« ... Und dann: »Nicht die kritische, sondern die religiöse Verfassung des Gemütes wollen wir pflegen!«

Das war sicherlich keine kindische Äußerung. Mich verfolgte aber immer noch die Furcht, daß durch die an der Sitzung Teilnehmenden unwillkürlicher Druck ausgeübt werden könne. Um diese Zeit stellte sich ein Ereignis ein, welches mich mit Abscheu erfüllte und mir rätselhaft blieb. Eines Abends waren die Bedingungen ausgezeichnet. Die Bewegungen waren stark und anscheinend gänzlich unabhängig von unserem Handdrucke. Lange und detaillierte Botschaften stellten sich ein, die vorgaben, von einer Intelligenz zu kommen, die ihren Namen angab und einem Geschäftsreisenden angehört hatte, der kürzlich bei einem Theaterbrande in Exeter um das Leben gekommen sei. Alle Angaben waren genau, und er bat uns dringend, an seine Familie zu schreiben, die angeblich in Slattenmere in Cumberland wohnte. Ich schrieb, aber mein Brief kam durch das Postamt als unbestellbar zurück ... aus nur allzu natürlichen Gründen. Bis zum heutigen Tage weiß ich nicht, ob wir getäuscht wurden, oder ob in bezug auf den Namen des Ortes sich ein Versehen geltend gemacht hat. Aber so lagen die Dinge, und ich empfand solchen Widerwillen, daß wenigstens eine Zeitlang mein ganzes Interesse an der Sache verblaßte. Es war ja an und für sich sehr schön, einem Projekte nachzuspüren, aber wenn das Projekt mit faulen Scherzen antwortete, dann schien's doch an der Zeit, Schluß zu machen. Falls irgendwo in der Welt solch ein Ort wie Slartenmere existieren sollte, würde ich auch noch heute gern davon hören.

Zu dieser Zeit praktizierte ich als Arzt in Southsea. Dort wohnte General Drayson, ein merkwürdiger Charakter und Pionier des Spiritismus in England. Ich ging zu ihm mit meinen Sorgen und fand einen geduldigen Zuhörer. Meine Kritik über die Torheit vieler dieser Botschaften hatte bei ihm kein großes Gewicht. »Sie haben noch nicht die fundamentalen Erkenntnisse in Ihrem Kopfe«, sagte er. »Die Wahrheit ist, daß jeder noch im Fleisch dieser Welt steckende Geist genau so wie er ist, ohne jeden inneren Wandel, in die nächste Welt übergeht. Unsere Erde ist voll von schlechten oder dummen Menschen. Ganz so das Jenseits. Man braucht sich nicht mit ihnen abzugeben, ebenso wenig hier wie dort. Man ist in der Wahl seiner Gefährten vorsichtig. Wir wollen einmal annehmen, ein Mann hat auf dieser Erde als einsamer Einsiedler, ohne Umgang mit anderen, in seinem Hause gelebt. Nun will er sich plötzlich die Gegend ansehen und streckt den Kopf zum Fenster heraus. Was würde wohl geschehen? Wahrscheinlich würde irgendein ungezogener, in der Nähe befindlicher Bengel eine Unart hinaufrufen. Sicherlich aber würde der Einsiedler nichts von der Größe und Weisheit dieser Welt erschauen. Er würde seinen Kopf zurückziehen und meinen, die Erde sei doch ein gar jämmerlicher Platz. Genau dasselbe haben Sie getan. In einer planlosen Sitzung, ohne bestimmtes Ziel, haben Sie Ihren Kopf in die nächste Welt hinübergestreckt und sind einem ungezogenen Jungen begegnet. Gehen Sie vorwärts und versuchen Sie, Besseres zu erreichen.«

Das war Generals Draysons Erklärung. Wenn sie mich auch zur Zeit wenig befriedigte, heute glaube ich, daß sie so ungefähr der Wahrheit nahe kam.

Das waren meine ersten Schritte im Reich des Spiritismus. Ich war immer noch ein Skeptiker, aber doch immerhin ein Sucher, und wenn ich einen Kritiker gewöhnlichen Kalibers sagen hörte, daß hier überhaupt nichts vorhanden sei, das der Erklärung bedürfe, oder daß die ganze Geschichte Schwindel sei, oder daß ein Zauberkünstler erforderlich sei, um den Betrug aufzuklären, dann wußte ich jetzt wenigstens, solche Urteile als Unsinn einzuschätzen. Allerdings reichte das von mir selbst beigebrachte Beweismaterial vorläufig noch nicht aus, um mich an und für sich zu überzeugen, aber mein andauerndes Studium bewies mir, wie tief andere Leute in die Materie eingedrungen waren. Die Summe ihrer Zeugnisse war so schwerwiegend, daß keine andere religiöse Bewegung der Welt irgendwie Vergleichbares aufweisen konnte. Darin lag noch kein Beweis der Wahrheit, aber immerhin der Beweis, daß diese Forschungen berechtigt waren, Achtung für sich in Anspruch zu nehmen, und daß sie nicht geringschätzig in den Müllkasten geworfen werden durften. Wir wollen hier nur einen einzelnen Fall herausgreifen – – ein Ereignis, welches Wallace mit Recht als modernes Wunder bezeichnet hat. Ich meine seine Behauptung, daß D. D. Home (der nicht, wie so häufig gesagt wird, ein bezahlter Abenteurer war, sondern einer guten Familie angehörte) – – in einer Höhe von siebzig Fuß über dem Boden aus dem einen Fenster heraus in das andere hineinschwebte. Ich konnte es nicht über mich gewinnen, das zu glauben. Und dennoch: die Tatsache wurde von drei Augenzeugen bestätigt: Von Lord Dunraven, Lord Lindsay und Kapitän Wynne, alle drei wohlangesehene Ehrenmänner, willens, die Tatsache mit ihrem Eide zu bestätigen. Unter diesen Verhältnissen kann man doch nicht anders als zugestehen, daß in diesem Falle die Beweisführung eine viel unmittelbarere war, als für jene altersgrauen Ereignisse, die von einer ganzen Welt als unverbrüchlich wahr anerkannt wurden.

Während dieser ganzen Zeit fuhr ich fort, Sitzungen abzuhalten, manchmal ohne Erfolg, manchmal mit trivialen Resultaten, aber einigemal mit überraschenden Ergebnissen. Ich habe die Aufzeichnungen über diese Sitzungen bewahrt und gebe hier einen Auszug wieder, der in sich abgeschlossene Ergebnisse enthält, die meinen bisherigen Anschauungen über das Leben nach dem Tode so widersprachen, daß sie mir damals eher amüsant als erbaulich erschienen. Aber heute sehe ich, daß sie mit den Angaben in »Raymond« und in späteren Berichten übereinstimmen, so daß ich sie jetzt mit anderen Augen betrachte. Ich weiß wohl, daß alle diese Berichte über das Leben nach dem Tode in Einzelheiten abweichen, jedoch meine ich, daß unsere eigenen Berichte über das Leben vor dem Tode gleichfalls sich in Einzelheiten voneinander unterscheiden würden. Aber in der Hauptsache bleibt doch eine sehr große Ähnlichkeit, welche bei der erwähnten Gelegenheit sich weit von den Vorstellungen entfernte, welche ich mir oder die beiden an der Sitzung beteiligten Damen sich gebildet hatten. Zwei Intelligenzen sandten Botschaften, – die eine nannte sich »Dorothy Poslethwaite«, ein uns dreien durchaus unbekannter Name. Sie war ihrer Angabe nach vor fünf Jahren im Alter von 16 Jahren in Melbourne gestorben, fühlte sich jetzt glücklich, habe Arbeit zu verrichten, habe dieselbe Schule besucht, wie eine der beiden mitwirkenden Damen. Als ich diese Dame bat, die Hände hoch zu halten und einige Namen zu nennen, da stürzte der Tisch um bei Nennung des Namens der damaligen Vorsteherin der Schule. Das schien mir allerdings gleichsam als beweiskräftige Probe. Die Intelligenz sagte weiter, daß die Sphäre, in der sie sich befand, rings die Erde umgebe, daß sie Kenntnisse über die Planeten besitze, daß Mars von Wesen bewohnt sei, die fortgeschrittener seien als die Menschen, daß die Kanäle daselbst künstlich hergestellte seien, ferner, daß körperlicher Schmerz in ihrer Sphäre nicht existiere, wohl aber Kummer des Gemütes möglich sei, daß eine Regierungsform herrsche, daß sie Nahrung zu sich nehmen, daß sie katholischen Glaubens war und noch sei, daß es ihr aber weder schlechter noch besser ergangen sei als den Protestanten oder Buddhisten oder Mohammedanern, daß es vielmehr allen gleich ergehe, daß sie niemals Christum gesehen habe und nicht mehr von ihm wisse als auf Erden, daß sie aber an seinen Einfluss glaube, daß die Geister beten, und in ihrer neuen Sphäre sterben müssen, bevor sie in eine andere übergehen, daß sie Vergnügungen kennen, wie z. B. Musik. Ihre Sphäre sei eine Stätte des Lichtes und Lachens. Reiche seien ebenso wenig vorhanden wie Arme, und die allgemeinen Verhältnisse seien viel glücklichere als auf Erden.

Nachdem diese Intelligenz sich verabschiedet hatte, wurde der Tisch von einer viel robusteren Gewalt gepackt und heftig hin und her geschleudert. Auf meine Frage erklärte die Intelligenz, der Geist eines Mannes zu sein, den ich Dodd nennen will – – eines ehemals berühmten Kricketspielers, mit dem ich ernste Unterredungen in Kairo hatte, bevor er nilaufwärts zog und bei der Dongolese Expedition seinen Tod fand. Mittlerweile sind wir am Jahre 1896 angelangt. Dodd war keiner der beiden Damen bekannt. Ich begann, Fragen zu stellen, gerade als säße er neben mir. Er sandte seine Antworten mit großer Schnelligkeit und Bestimmtheit zurück. Sie waren oft das Gegenteil von dem, was ich erwartete, so daß ich, meiner Ansicht nach, unmöglich einen Einfluss auf dieselben ausüben konnte. Er sagte, daß er glücklich sei und nicht den Wunsch habe, zur Erde zurückzukehren. Er war Freidenker gewesen, mußte aber im Jenseits deswegen nicht leiden. Gebet sei ein gutes Mittel, uns mit dem Jenseits in Verbindung zu halten. Hätte er als Mensch mehr gebetet, so würde er als Geist höher stehen. Ich mag hier darauf aufmerksam machen, daß diese Bemerkung mit seiner Versicherung im Widerspruch zu stehen scheint, daß er aus dem Grunde, weil er Freidenker gewesen sei, nichts habe leiden müssen. Allerdings vernachlässigen viele das Gebet, auch wenn sie nicht Freidenker sind. Sein Tod erfolgte ohne Schmerzen. Er hatte den Tod des jungen Polwhele, eines jungen Offiziers, der vor ihm starb, wohl im Gedächtnis. Bei seinem eigenen Tode wurde ihm ein Willkommen zuteil, aber Polwhele war nicht unter denen, die ihn begrüßten.

Auch er mußte Arbeit verrichten. Er wußte von dem Falle Dongolas, war aber nicht bei der Festlichkeit in Kairo nach seinem Tode anwesend gewesen. Der Umfang seiner Kenntnisse war größer als während seines Erdenlebens. Er erinnerte sich unseres Gespräches in Kairo. Die Zeit der Existenz in der nächsten Sphäre ist kürzer bemessen als auf Erden. Er hat weder den General Gordon noch den Geist irgendeiner anderen berühmten Persönlichkeit gesehen. Geister leben familienweise und in Gemeinschaften. Ehegatten treffen sich nicht notwendigerweise wieder, wohl aber diejenigen, welche sich auf Erden liebten.

Ich habe diese Synopsis mit der Absicht wiedergegeben, die Art der uns gemachten Mitteilungen zu zeigen, die allerdings sowohl in bezug auf Ausführlichkeit, wie auf Zusammenhang eine besonders günstige Probe darstellten. Sie beweist jedenfalls, daß die Behauptung vieler Kritiker, nur Albernheiten würden übermittelt werden, eine ungerechte ist. Obige Botschaft enthielt keine Torheit, es sei denn, daß wir alles Torheit nennen wollen, was unseren vorgefaßten Anschauungen widerspricht. Auf der anderen Seite aber – – welchen Beweis gab es denn, daß diese Behauptungen der Wahrheit entsprachen? Sie ließen mich bestürzt und verwirrt zurück, denn einen Beweis konnte ich nicht sehen. Heute aber, mit größerer Erfahrung, weiß ich, daß dieselbe Art Meldung sehr vielen Leuten, unabhängig voneinander, in vielen Ländern, überbracht worden ist, und ich glaube, daß die Übereinstimmung von Zeugen in allen Fällen einer Beweisführung einen gewissen Wert für die Beurteilung der tatsächlichen Wahrheit besitzt. Aber damals konnte ich eine derartige Vorstellung von der Zukunft nicht in mein eigenes philosophisches System hineinpassen. Ich nahm deshalb nur vorläufige Notiz und forschte weiter.

Ich fuhr fort, über dieses Thema viele Bücher zu lesen. Mehr und mehr lernte ich, den Schwarm von Zeugen zu würdigen, und zu verstehen, wie gewissenhaft ihre Beobachtungen angestellt wurden. Sie machten einen weit größeren Eindruck auf mich als die engbegrenzten Phänomene innerhalb meines eigenen kleinen Kreises. Da las ich das Buch von Monsieur Jacolliot über okkulte Phänomene in Indien. Jacolliot war höchster Richter der französischen Kolonie in Chandarnagar, ein Mann mit sehr kritisch abwägendem Verstande und starkem Vorurteil gegen den Spiritismus. Er führte eine Reihe von Experimenten mit eingeborenen Fakiren aus, die ihm vertrauten, da er ein sympathisches Wesen besaß und ihre Sprache beherrschte. Er beschreibt, wie sorgfältig er seine Maßregeln traf, um Betrug auszuschalten. Um eine lange Geschichte kurz zu machen, Jacolliot fand dort unter seinen Fakiren jegliches Phänomen fortgeschrittener Europäischer, den Medien eigentümlicher Kraft – – fand zum Beispiel, alles, was Home jemals vollbracht hatte. Fand Hebung des Körpers, Manipulationen mit Feuer, Bewegung von in der Entfernung befindlichen Gegenständen, rapides Wachstum von Pflanzen, Emporheben von Tischen. Die Fakire erklärten diese Phänomene als Werk der Pitris oder Geister. Der einzige Unterschied zwischen ihrer und unserer Prozedur bestand darin, daß sie größeren Wert auf direkten Anruf legten. Ihrer Versicherung nach seien ihnen diese Kräfte aus Urzeiten überkommen, aus der Zeit der Chaldäer. Diese Schilderungen übten auf mich einen großen Eindruck, denn hier kamen aus durchaus unabhängiger Quelle genau dieselben Resultate, ohne daß amerikanischer Betrug oder moderne Vulgarität in Frage kommen könnten – Vorwürfe, die in Europa gegen ähnliche Erscheinungen so oft erhoben worden sind. Zu dieser Zeit wirkte auf mich auch ein Bericht der Dialectical Society, obgleich dieser Bericht schon aus dem Jahre 1869 stammte. Diese Abhandlung hat stark überzeugende Beweiskraft, wurde aber von den Ignoranten und materialistisch gesinnten Zeitungsschreibern der damaligen Zeit mit Hohngelächter aufgenommen.

Aber dennoch war es ein Dokument von großem Werte. Die Gesellschaft war von einer Anzahl weitherziger klarköpfiger Leute aus guten gesellschaftlichen Kreisen gebildet worden, um den physischen Phänomenen des Spiritismus nachzuforschen. Über alle Resultate der Untersuchungen wird voller Bericht gegeben, einschließlich der umständlichen Maßregeln, die als Schutz gegen Betrug getroffen waren. Hat man diese Ausführungen gelesen, so drängt sich die Überzeugung auf, daß eine andere Schlußfolgerung, als die von der Gesellschaft erzielte, unmöglich gewesen wäre, nämlich die

Schlußfolgerung, daß die erlebten Phänomene zweifellos echt gewesen sind und auf Gesetze und Kräfte hindeuten, die von der Wissenschaft noch nicht erforscht wurden. Ist es nicht eine höchst eigentümliche Tatsache: wäre das Verdikt gegen den Spiritismus ausgefallen, so würde es sicherlich als Todesstoß gegen die ganze Bewegung begrüßt worden sein, während es jetzt, da es die Tatsache der Phänomene bekräftigte, nur Verhöhnung fand. Eine ganze Reihe von Untersuchungen wurde mit gleichem Schicksal bedacht seit den im Jahre 1848 in Hydesville vorgekommenen Phänomenen – mit gleichem Schicksal mußte sich auch Professor Hare von Philadelphia abfinden, der zum Feldzug gegen den Spiritismus auszog und gleich einem Sankt Paul schließlich der Wahrheit die Ehre geben mußte.

Ungefähr im Jahre 1891 wurde ich Mitglied der Psychical Research Society (Psychische Forschungsgesellschaft) und genoss den Vorteil, alle Berichte lesen zu können. Die Welt schuldet dem zielbewußten Eifer und der nüchternen Berichterstattung dieser Gesellschaft großen Dank, wenn auch gerade diese Nüchternheit den Leser manchmal ungeduldig werden lässt. Man hat so das Gefühl, daß die Berichterstattung, in ihrem Wunsche alles sensationelle Haschen zu vermeiden, auf die Allgemeinheit nicht gerade ermutigend wirkt, von der trefflichen Arbeitsleistung der Gesellschaft nutzbare Kenntnis zu nehmen. Die halbwissenschaftliche Terminologie schreckt den durchschnittlichen Leser. Man möchte manchmal an die Worte eines amerikanischen Trappers in den Rocky Mountains denken, der einen gelehrten Akademiker umhergeführt hatte und mir sagte: »Der Mann war so gescheit, daß man ihn überhaupt nicht verstand.« Aber abgesehen von diesen kleinen Eigentümlichkeiten, müssen wir anerkennen, daß wir alle, die wir nach Licht in der Dunkelheit suchen, dieses Licht mit Hilfe der methodischen, unermüdlichen Arbeit der Gesellschaft gefunden haben. Sie gehörte zu den Einflüssen, die meinen Gedanken Gestalt gab.

Und nun kam auch von anderer Seite eine tiefe Wirkung. Zwar hatte ich bisher von den wunderbaren Erlebnissen all der großen Experimentatoren Kenntnis genommen, aber niemals war ich dem

Versuche begegnet, ein System aufzubauen, welches diese Erfahrungen einheitlich umfasste. Nun aber las ich das monumentale Buch von Myers »Human Personality« (menschliche Persönlichkeit) – ein wahrhaft großes Werk, welches wurzelgleich einem Baum der Erkenntnis das Leben geben wird. Zwar war Myers nicht imstande, eine gemeinsame Formel für alle die als »spiritualistisch« bezeichneten Phänomene zu geben, aber bei Untersuchung der spezifischen Einwirkung von Hirn auf Hirn und Gemüt auf Gemüt, welche Myers selbst als »Telepathie« bezeichnet, brachte er einen so vollständigen Beweis, daß diese Erscheinung nunmehr als wissenschaftliche Tatsache bei allen denen gelten muss, die sich nicht absichtlich den Beweisen verschließen wollen. Das bedeutete einen ungeheuren Fortschritt. Kann eine Fernwirkung von dem menschlichen Geist stattfinden, dann gibt es gewisse menschliche Kräfte, die sich zur Materie ganz anders verhalten, als wir bisher verstanden haben. Der Boden schwankte unter den Füßen des Materialisten und mein früherer Standpunkt war vernichtet. Ich erwähnte vorher einmal: Die Flamme kann nicht ohne die Kerze existieren. Aber hier wirkte die Flamme in weiter Entfernung, gewissermaßen aus eigener Kraft. Also war die angeführte Analogie eine Täuschung. Wenn das Gemüt, der Geist, die Intelligenz des Menschen, in Entfernung vom Körper wirken kann, so besteht hier eben ein Etwas, das in entsprechendem Grade selbständige Existenz besitzt. Warum sollte dieses »Etwas« nicht auch fernerhin selbständig weiter existieren können, wenn der Körper vergangen? Nicht nur machten Einwirkungen von soeben Verstorbenen aus der Entfernung sich geltend, sondern nachweislich stellten sich mit diesen Einwirkungen tatsächliche Erscheinungen Verstorbener ein. Also wurden diese Einwirkungen durch ein »Etwas« vermittelt, das zwar dem Körper glich, aber dennoch unabhängig vom Körper funktionierte und den Tod des Körpers überlebte. Zwischen dem ersten Gliede des einfachsten Falles von Gedankenlesen und der tatsächlichen Manifestation des Geistes unabhängig vom Körper als letztes Glied war die Beweiskette eine ununterbrochene geworden. Jede Phase führte zur anderen. Diese Tatsache, scheint mir, bringt die ersten Spuren systematischer Wissenschaft und Ordnung in das Gewühl dessen, was bisher nur einfache Sammlung verwirrender und mehr oder minder unverwandter Tatsachen gewesen war.

Ungefähr zu dieser Zeit hatte ich ein interessantes Erlebnis. Ich war einer von drei Delegierten, die im Auftrage der »Psychischen Gesellschaft« in einem »Geisterhause« wachen sollten. Es handelte sich um den Fall eines so genannten »Poltergeistes«. Lärm und dumme Streiche hatten sich seit Jahren ereignet, sehr ähnlich dem klassischen Falle in der Familie des John Wesley zu Epworth im Jahre 1726 oder dem Falle in der Fox-Familie zu Hydesville nahe Rochester im Jahre 1848, welch letzteres Ereignis der Ausgangspunkt des modernen Spiritismus wurde. Nichts Sensationelles ergab sich aus unserer Expedition, dennoch war sie nicht ganz vergeblich. Während der ersten Nacht ereignete sich nichts. Während der zweiten Nacht ertönte gräßlicher Lärm, wie wenn jemand mit einem Stocke auf einen Tisch schlägt. Selbstverständlich hatten wir jede Vorsichtsmaßregel in Anwendung gebracht, doch konnten wir das Geräusch nicht erklären. Aber einen Eid konnten wir nicht darauf schwören, daß nicht ein schlau angelegter Dummejungenstreich uns einen Possen spielte. Damit fand die Sache damals ihr vorläufiges Ende. Einige Jahre später erfuhr ich aber durch einen Einwohner des Hauses, daß kurz nach unserem Besuche die Knochen eines, vor langer Zeit begrabenen Kindes im Garten aufgefunden worden seien. Sicherlich, das war sehr sonderbar. Sogenannte »Gespensterhäuser« sind selten und Häuser, in deren Gärten menschliche Gerippe ruhen, sind – wir wollen es hoffen – gleichfalls selten. Dass aber beide Fälle für ein und dasselbe Haus zutreffen, spricht sicherlich wenigstens in gewissem Grade für die Echtheit mitgeteilten Phänomens. Dabei ist interessant daß im Fall der Fox-Familie gleichfalls von menschlichen Überresten gemunkelt wurde und daß im Keller Spuren eines Mordes aufgefunden wurden, wenn auch das tatsächliche Verbrechen niemals einwandfrei festgestellt werden konnte. Wäre es der Wesley-Familie gelungen, sich mit ihrem

Quälgeist in Verbindung zu setzen, so kann ich kaum daran zweifeln, daß sie irgendein Motiv für diese Beunruhigung herausgefunden hätten. Es scheint beinahe, daß ein plötzlich und gewaltsam unterbrochenes Leben noch eine unverbrauchte Reservekraft besitzt, die sich dann in sonderbarer, widriger Art und Weise geltend machen kann. Später hatte ich ein anderes sonderbares Erlebnis ähnlicher Art, welches ich am Schlusse beschreiben will.

Von dieser Zeit bis zum Beginne des Krieges fuhr ich fort, in den Mußestunden eines sehr geschäftigen Lebens dieser Sache Beachtung zu schenken. Ich erlebte eine Reihe von Sitzungen mit erstaunlichen Resultaten, welche einige Male im Dämmerlichte Materialisationen zeigten. Da aber das Medium kurze Zeit später bei betrügerischen Kniffen ertappt wurde, versagte ich diesen Erlebnissen jegliche Beweiskraft. Allerdings scheint mir die Tatsache ganz klar, daß in gewissen Fällen, z. B. in dem Falle der Eusapia Palladino, die Medien sich betrügerische Eingriffe zuschulden kommen lassen, wenn ihre individuelle Kraft versagt.[1] Dennoch mögen sie zu anderen Zeiten

---

1   Dr. A. Freiherr von Schrenck-Notzing sagt in seinem neuesten Werke »Physikalische Phänomene des Mediumismus« (Verlag Reinhardt, München): »Vielfach konnten bei Eusapia Paladino schwindelhafte Manipulationen nachgewiesen werden, die im wesentlichen nur wieder darauf hinausliefen, durch wohlbekannte Kunstgriffe eine Hand oder einen Fuß frei zu bekommen und mit Hilfe derselben einzelne Phänomene vorzutäuschen. Näheres hat der Verfasser ausgeführt in der Einleitung zu dem Werk ›Materialisations-Phänomene‹. Allerdings beruhen Eusapias Schwindeleien niemals auf Taschenspieler-Kunststücken oder auf Vorbereitungen für die Sitzungen. Sie werden in der Regel improvisiert und passen sich an die jeweilige Situation mit den einfachsten Mitteln an. Mangel an Produktionskraft, unrichtige Anwendung der Kontrolle, suggestive Einwirkung, das Bestreben, die Wünsche der Teilnehmer zu erfüllen, sowie ein körperliches Unwohlsein und seelische Verstimmungen sind als Ursachen für die unechten Leistungen bei Eusapia Paladino anzusehen. Aber so oft auch diese Täuschungen vorkommen mögen, sie sind nicht imstande, irgendeinen Zweifel zuzulassen an der Realität der wirklich echten und unter scharfer Kontrolle zustande gekommenen Leistungen, d. h. an den

durchaus echte Kräfte betätigen. Die Begabung des Mediums in ihrer untersten Entwicklungsform ist eine rein physische, ohne Beziehung zur Moral. In vielen Fällen ist sie intermittierend, ohne durch eigenen Willen kontrolliert werden zu können. Eusapia wurde mindestens zweimal bei sehr plumpen und dummen Betrügereien ertappt, obgleich sie bei anderen Gelegenheiten mehrere Male eingehende Untersuchungen erfolgreich bestand, die unter Wahrnehmung aller möglichen Vorsichtsmaßregeln von wissenschaftlichen Komitees durchgeführt wurden, Komitees, denen Leute mit bestem Namen, Franzosen, Italiener, Engländer, angehörten.[2] Ich persönlich ziehe es aber vor, Erlebnisse mit einem später ertappten Medium überhaupt nicht gelten zu lassen. Alle im Dunkeln produzierten Phänomene verlieren meiner Ansicht nach notwendigerweise viel von ihrem Werte, falls sie nicht von beweiskräftigen Botschaften begleitet sind. Es ist die Gepflogenheit unserer Kritiker, zu behaupten, daß wir fast unser ganzes Beweismaterial annullieren müssen, wenn wir die Medien, die sich einmal oder das andere Mal als unzuverlässig erwiesen haben, ausschalten. So steht die Sache durchaus nicht. Bis zur Zeit des erwähnten Zwischenfalles hatte ich niemals an einer Sitzung mit einem berufsmäßigen Medium teilgenommen, und trotzdem hatte ich ohne Frage immerhin einiges Beweismaterial gesammelt. Das größte Medium von allen, D. D. Home, zeigte seine

> reinen, unverfälschten Erscheinungen über Mediumität … Vielfach setzten sich die Manifestationen nach Schluß der Sitzungen bei voller Zimmerbeleuchtung fort oder kamen, wenn das Medium gut disponiert war, auch bei weißem Licht zustande.« In ähnlicher Weise urteilen viele der hervorragendsten Forscher. C. A. M.

2   Mitglieder solcher Kommissionen waren: d'Arsonval, Aksakoff, Branly, Bergson, Botazzi, Bisson, Crookes, Curie, Crawford, Courtier, Dessoir, Delanne, Flammarion, Foa, Flournoy, Gibier, Graetz, Geley, Grunewald, Hyslop, v. Hartmann, Hudson, James, Kotik, Lombroso, Lodge, Langevin, Mangin, Miquel, Maeterlinck, Maxwell, Morselli, Ochorowicz, Penzing, Richet, de Rochas, Schrenck-Notzing, de Vesme, Yourjewitsch, Zöllner und andere.

Phänomene in hellem Tageslicht. Er war bereit, jede Probe über sich ergehen zu lassen, und niemals konnte irgendeine Beschuldigung unredlichen Verhaltens aufrechterhalten werden. Und so war's mit vielen anderen. Die Gerechtigkeit fordert, folgendes in Betracht zu ziehen. Es wäre doch wunderbar, wenn so ein Medium ohne gelegentlichen Skandal davon kommen könnte, ein Wesen, das an exponierter Stelle stehend den Amateurdetektivs und sensationshungrigen Reportern willkommenes Versuchsobjekt wird. Und wenn nun gar mysteriöse, menschlichem Erkennen widerstrebende Phänomene vor Geschworenen und Richtern verteidigt werden müssen, die gewöhnlich keinerlei Kenntnisse über Phänomene und ihre Begleiterscheinungen besitzen! Allerdings ist das ganze System, die Zahlung des Mediums von seinen Erfolgen abhängig zu machen (wie es heute gang und gäbe ist), ein verderbliches. Heutzutage erhält ein Medium ohne Resultate keine Zahlung. Nur wenn das professionelle Medium, unabhängig von seinen Erfolgen, die Garantie einer Jahreseinnahme besitzt, nur dann lässt sich die starke Versuchung ausschalten, im Falle des Ausbleibens tatsächlicher Phänomene gefälschte unterzuschieben. Ich habe jetzt den Werdegang meiner eigenen Anschauungen bis zum Beginne des Krieges verfolgt. Ich hoffe, für mich in Anspruch nehmen zu dürfen, daß ich mit Vorsicht und Überlegung zu Werke ging und daß alle Leichtgläubigkeit, deren unsere Kritiker uns zeihen, mir fern lag. Ja, ich erwies mich allzu vorsichtig, allzu skrupelhaft, mit schuldhaftem Zaudern versäumte ich, den geringen Einfluss, den ich besitzen mag, in die Wagschale der Wahrheit zu werfen. Vielleicht wäre ich weiter meinen Lebensweg dahingezogen, bis zum Ende, als Suchender, der der ganzen Angelegenheit zwar Sympathie, aber dennoch nur dilettantisches Interesse entgegenbringt, so etwa, als ob es sich um ein unpersönliches Problem handele (wie um die Existenz der Atlantis, oder um die Shakespeare-Bacon-Frage). Da brach der Krieg herein. Und der Ernst desselben packte unsere Seelen, ließ uns tiefer in unseren Glauben blicken und seinen Wert abwägen. Mitten in einer todwunden Welt, aus der täglich Nachricht von dem Tode der Blüte unserer

Rasse zu uns aufdrang, Nachricht von der Vernichtung unserer Jugend, unserer unerfüllten Hoffnung, – – – umgeben von Müttern und Gattinnen, die keine klare Vorstellung davon hatten, wohin ihre Lieben entschwunden waren, … da flammte mir plötzlich die Erkenntnis, daß es sich bei meinem Suchen, welches ich so lässig und dilettantenhaft betrieben hatte, nicht um das Studium einer Kraft außerhalb der Gesetze wissenschaftlicher Erkenntnis handele, sondern um etwas Ungeheures, um ein Niederbrechen der Mauern zwischen zwei Welten, um direkte, unleugbare Nachricht aus dem Jenseits, um eine Hoffnungsbotschaft, eine tröstende, fahrende Offenbarung für die ganze Menschheit zur Zeit ihrer größten Not. Die objektive Seite der Sache verlor ihr Interesse, denn wenn man sich über ihre Echtheit und Wahrheit erst schlüssig geworden, so ist man in dieser Beziehung zum Ziel und Ende gelangt. Aber von unendlich größerer Bedeutung ist die religiöse Erwägung. Die Telephonklingel ist an und für sich eine recht kindliche Einrichtung … aber sie kann das Signal einer lebenswichtigen Meldung werden. Alle die großen und kleinen Phänomene hatten die Rolle der Telephonglocke gespielt, so schien mir's. Einzeln genommen bedeutungslos hatten sie dem Menschentum das Signal zugerufen: »Auf! Rafft euch empor! Helft! Hier kommen die Zeichen! Sie führen zu der Botschaft, die Gott euch senden will!« Nicht um die Zeichen handelt es sich in Wahrheit, sondern um die Botschaft. Ja, mir schien's, als solle eine neue Offenbarung den Menschen enthüllt werden. Noch kann niemand sagen, wie tief sie in dem Entwicklungsstadium steckt, das ich als »Johannes-der-Täufer-Stadium« bezeichnen möchte. Noch weiß niemand, ob größere Vollständigkeit und Klarheit in Zukunft erwartet werden darf. Ich bin der Überzeugung und betone, daß alle diese physischen Phänomene allen, denen überhaupt an ihrer Untersuchung gelegen ist, als unleugbar echt erwiesen gelten müssen.

Aber trotzdem haben sie an und für sich als Einzelerscheinungen keine Bedeutung. Ihr wahrer Wert liegt vielmehr in der Tatsache; daß sie ein ungeheures Wissen stützen, und mit objektiver Tatsächlichkeit ausstatten, durch welches unsere bisherigen religiösen Anschauungen auf das tiefste beeinflußt werden müssen, so daß für diejenigen, welche die Verhältnisse durchdacht und sich zu ihrem Verständnis emporgerungen haben, Religion zur wahrhaften Tatsache wird – nicht mehr ein Gegenstand des Glaubens, sondern tatsächlichen Erlebens.

Dieser Seite der Frage will ich mich jetzt zuwenden.

Meinen bisherigen Bemerkungen muss ich noch hinzufügen, daß sich mir seit dem Kriege einige außerordentliche Gelegenheiten boten, die Echtheit und Wahrheit der allgemeinen Tatsachen zu bestätigen, auf Grund deren ich meine Anschauungen gebildet hatte. Eine in unserem Hause lebende Dame, Fräulein L. S., entwickelte die Gabe des automatischen Schreibens. Von allen möglichen Formen der dem Medium eigentümlichen Kräfte sollte diese Form – die Fähigkeit des automatischen Schreibens – der schonungslosesten Prüfung unterworfen werden. Zwar ist sie weniger geeignet, zum Zwecke der Täuschung anderer mißbraucht zu werden, jedoch führt sie sehr leicht zur Selbsttäuschung, die noch verhängnisvoller und gefährlicher ist. Schreibt die betreffende Person aus eigener Kraft, oder ist – wie sie vorgibt – tatsächlich eine sie kontrollierende Kraft vorhanden, gleich dem biblischen Geschichtsschreiber der Juden, der behauptete, unter Kontrolle zu stehen? Ich will nicht leugnen, daß im Falle der Fräulein L. S. einige Botschaften sich als nicht wahr erwiesen, besonders im Punkte der Zeit waren sie durchaus unzuverlässig. Aber trotz alledem war die Zahl der sich als wahr erweisenden Meldungen viel größer, als daß ein zufälliges Erraten oder sonst zufälliges Zusammentreffen die Erklärung darbieten konnte. Nach der Torpedierung der Lusitania erklärten die Morgenblätter, daß, soweit bisher bekannt, kein Verlust an Menschenleben zu beklagen sei. Das Medium schrieb sofort: »Der Verlust ist gräßlich und wird einen großen Einfluß auf den Krieg üben.« Die Meldung erwies sich als wahr in zweifacher Hinsicht, denn der Verlust an Menschenleben wirkte in Amerika als erster starker Antrieb zur Teilnahme am Kriege. Außerdem sagte die Dame die Ankunft eines wichtigen Telegrammes für einen bestimmten Tag voraus und gab sogar den Namen des Boten an, einer Persönlichkeit, die als Bote überhaupt kaum in Betracht kommen konnte. Alles zusammengenommen, niemand konnte an einer im Medium von außen wirkenden Kraft zweifeln, wenn auch die unterlaufenen Fehler sich unserer Beachtung nicht entzogen.

Eine andere Begebenheit aus der ersten Zeit des Krieges steht klar in meiner Erinnerung. Eine an einer chronischen Krankheit leidende, mich interessierende Dame war in der Provinz gestorben. An ihrem Bette wurde Morphium gefunden, und die Frage, ob Selbstmord vorlag oder nicht, wurde von den Geschworenen der Leichenschau als nicht entschieden betrachtet. Eine Woche später hatte ich mit Herrn Vout Peters eine Sitzung. Nach einer Reihe vager, unwichtiger Äußerungen kündete er plötzlich: »Hier ist eine Dame, die sich an eine ältere Frau anlehnt. Sie wiederholt das Wort ›Morphium‹ – – schon dreimal hat sie's gesagt.« Ihr Bewußtsein war damals getrübt. Sie hat es nicht absichtlich getan. »Morphium!«

So lauteten beinahe wörtlich die Äußerungen des Mediums. An Telepathie war nicht zu denken, denn ich hatte zur Zeit ganz andere Gedanken im Kopf und erwartete keinerlei derartige Botschaft.

Selbst wenn wir von persönlichen Erlebnissen ganz absehen, muss dennoch diese Bewegung aus der wundervollen Literatur, die im Laufe der letzten wenigen Jahre entstanden ist, große ergänzende Beweiskraft schöpfen. Selbst wenn keine andere spiritistische Literatur existieren würde als die nachbenannten in den letzten Jahren erschienenen fünf Bücher, so würden meiner Ansicht nach diese fünf genügen, um jedem vernünftigen Forscher die Tatsachen als bewiesen gelten zu lassen. Ich meine die Bücher: »Raymond« von Professor *Lodge*, »Psychical Investigations« von Arthur *Hill*, »Reality of psychical Phenomena« von Professor *Crawford*, »Threshold of the Unseen« von Professor *Barrett*, und »Ear of Dionysius« von Gerald *Balfour*.

Bevor ich mich der Frage der neuen religiösen Offenbarung zuwende, wie wir zu ihr gelangen und woraus sie besteht, möchte ich noch eine andere Seite des Gegenstandes berühren. Unsere Gegner haben uns stets aus zwei verschiedenen Richtungen angegriffen. Einmal behaupten sie, die von uns angeführten Tatsachen seien unwahr. Mit diesem Vorwurf habe ich mich bereits beschäftigt. Dann aber klagen sie, daß wir uns auf verbotenem Grund und Boden befinden und denselben meiden sollten. Da ich von dem Standpunkt einer relativ materialistischen Denkart ausging, hatte dieser Einwand für mich persönlich niemals eine Bedeutung. Aber anderen möchte ich einige kurze Erwägungen anempfehlen.

Gott hat uns sicherlich keinerlei Fähigkeiten gegeben, mit der Bestimmung, dieselben unter keinen Umständen zu gebrauchen. Die Tatsache, daß wir die Fähigkeit besitzen, ist an und für sich ein Beweis für die heilige Pflicht dieselbe zu erproben und zu entwickeln. Gewiß, jede Fähigkeit kann mißbraucht werden, wenn wir unser natürliches Gefühl dafür verlieren, wo die Grenzen gesteckt sind, bis zu denen unsere Vernunft uns tragen darf. Aber ich wiederhole: Die bloße Tatsache des Besitzes einer Fähigkeit ist beweiskräftiger Grund dafür, daß wir verpflichtet sind, von ihr, als gesetzmäßiger Kraft, Gebrauch zu machen.

Und da müssen wir uns doch erinnern, daß diese lauten Anklagen gegen »verbotenes Wissen« bei jedem Fortschritte menschlichen Erkennens erhoben wurden, unter dem Vorwande mehr oder weniger passender Bibeltexte. Das hat die moderne Astronomie erfahren. Galilei mußte tatsächlich seine Lehre widerrufen, Galvani hat's erfahren und die Lehre von der Elektrizität. Darwin hat's erfahren, der den Feuertod hätte leiden müssen, wäre er wenige Jahrhunderte früher geboren worden. Simpson hat's erfahren, als er bei Entbindungen Chloroform anwenden wollte, denn heißt es nicht in der Bibel: »Du sollst mit Schmerzen Kinder gebären?« Wahrlich, ein Vorwurf, der so oft gemacht und so oft ad acta gelegt wurde, kann nicht mehr auf ernstliche Beachtung Anspruch machen. Aber denen, welchen das theologische Bedenken auch heute noch als Stein des Anstoßes gilt, möchte ich zwei kleine Schriften empfehlen, beide von Geistlichen verfaßt. Zunächst: »Is Spiritualism of the devil« (Ist

Spiritismus Werk des Teufels?) von Pfarrer Fielding Ould, und dann »Our self after death« (Unser Selbst nach dem Tode) von Pfarrer Arthur Chambers. Auch kann ich die Schriften des Pfarrers Charles Tweedale empfehlen. Als ich zuerst meine eigenen Anschauungen über diese Probleme veröffentlichte, drückte mir Archdeacon Wilberforce als einer der ersten brieflich seine Zustimmung aus.

Es gibt Theologen, die nicht allein diesem Kultus widerstreben, sondern sich zu der Behauptung versteigen, daß derlei Phänomene von bösen Geistern herrühren, die unsere verstorbenen Lieben personifizieren und vorgeben, Lehrer himmlischer Regionen zu sein. Schwerlich haben derartige Leute jemals persönlich erfahren, welch tröstenden, erhebenden Einfluß diese Botschaften auf den Empfänger ausüben. Ruskin hat gestanden, daß er seine Überzeugung von einem Leben nach dem Tode aus dem Spiritismus schöpfte. Allerdings war es einigermaßen unlogisch und undankbar von ihm hinzuzufügen, daß er nach dem Gewinn dieser Erkenntnis mit dem Spiritismus nichts weiter zu tun haben wolle. Es gibt aber viele Menschen – quorum pars parva sum – die ohne Rückhalt erklären können, daß sie durch Forschung auf diesem Gebiete von der materialistischen Weltanschauung abgewandt wurden, aufwärts zum Glauben an ein zukünftiges Leben, mit allem, was ein solcher Glaube mit sich bringt. Wenn so etwas das Werk des Teufels ist, dann kann man nur sagen, der Teufel ist in seinem Handwerk ein armseliger Pfuscher, der Früchte hervorbringt, die aller Voraussicht nach seinen Absichten sehr wenig entsprechen.

Zweiter Teil: Die Offenbarung

Jetzt kann ich mich mit einiger Erleichterung der Betrachtung dieses Problems von einem weniger persönlichen Standpunkt aus zuwenden. Ich habe bereits von einer neuen Lehre gesprochen, Woher kommt sie? Im Wesentlichen auf dem Wege des automatischen Schreibens – wenn die Hand des menschlichen Mediums unter Kontrolle steht, angeblich entweder unter der Kontrolle eines verstorbenen Menschen (wie im Falle des Mediums Miß Julia *Arnes*) oder unter Kontrolle eines angeblich höheren Wesens (wie im Falle des Mr. Stainton *Moses*). Diese geschriebenen Mitteilungen werden durch eine große Zahl von Äußerungen, welche im Trancezustande ausgesprochen wurden, ergänzt, ebenso wie durch wörtliche Meldungen von Geistern, übermittelt durch den Mund von Medien. Manchmal kamen sie auf dem Wege direkter Stimmen, wie Admiral Usborne Moore in seinem Buche »The Voices« (Die Stimmen) beschreibt. Gelegentlich bei Sitzungen auch auf dem Wege des Tischrückens; zwei derartige Fälle aus meiner eigenen Erfahrung habe ich bereits geschildert. Auch ereignete es sich (wie in einem von Miß Morgan geschilderten Fall), daß die Botschaft durch die Hand eines Kindes übermittelt wurde.

Selbstverständlich macht sich sofort der Einwurf geltend: Woher wissen wir denn, daß diese Botschaften wirklich aus dem Jenseits stammen? Woher wissen wir denn, daß das Medium nicht im Zustande des Bewußtseins schreibt – oder daß, wenn es unbewußt die schriftliche Mitteilung macht, nicht das Unterbewußtsein die ausschlaggebende Rolle spielt? Diese Kritik ist eine durchaus gerechte und muss in jedem einzelnen Falle schonungslos geübt werden. Denn wollte sich die ganze Welt mit minderwertigen Propheten anfüllen, wollten sie alle ihre eigenen Anschauungen geltend machen, ohne weiteren Beweis für die Echtheit derselben als die eigene Versicherung, dann würden wir allerdings in die dunklen Zeiten kritikloser Glaubenstorheit hinabgleiten. Wahrhafte Zeichen müssen wir deshalb verlangen, Zeichen, die wir prüfen können, da uns sonst für die Mitteilungen selbst die Möglichkeit der Prüfung fehlt. Zeichen verlangte man in alten Zeiten von einem Propheten. Das war ein vernünftiges Verlangen, welches auch heute noch seine Gültigkeit hat. Kommt jemand zu mir mit einem Bericht über angebliches Leben nach dem Tode, ohne anderen Beweis als seine eigene Behauptung, so steht für derartige Kunde der Papierkorb bereit. Das Leben ist zu kurz, um die Glaubwürdigkeit solcher Erzeugnisse abzuwägen. Kommt aber jemand zu mir, wie William Stainton *Moses*, mit seinen »Geisterlehren«, die angeblich aus dem Jenseits stammen, und besitzt solcher Mann eine große Zahl abnormer Gaben (Stainton Moses war einer der hervorragendsten, vielseitigsten Medien, die England je hervorgebracht hat), dann betrachte ich die Sache schon in einem ernsteren Lichte. Und ferner, wenn Miß Julia Arnes dem Herrn Stead Begebnisse aus ihrem Erdenleben mitteilen kann, von denen Herr Stead vorher unmöglich Kenntnis haben konnte, und wenn diese Mitteilungen sich als wahr erweisen, dann ist man allerdings schon eher geneigt, auch den Teil der Mitteilungen, der sich nicht nachprüfen lässt, für wahr zu halten. Oder aber, wenn »Raymond« eine Photographie schildern kann, von der keine Kopie jemals England erreichte, und wenn die Schilderung sich mit der Photographie als genau übereinstimmend erwies, ferner, wenn »Raymond« durch den Mund mit Mediumkraft begabter Fremder alle möglichen Einzelheiten seines häuslichen Erdenlebens angeben kann, – Angaben, die von seinen eigenen Verwandten untersucht und für wahr befunden wurden, ist dann noch die Annahme unvernünftig, daß seine Schilderung seiner Erfahrungen nach dem Tode und seiner Existenzbedingungen zur Zeit solcher Mitteilung wenigstens einigermaßen den tatsächlichen Verhältnissen entspricht? Oder wenn Herr Arthur *Hill* Botschaften von Leuten empfängt, deren Existenz ihm völlig unbekannt war, und wenn alle Einzelheiten dieser Botschaften sich als wahr erweisen, ist dann die Schlußfolgerung unvernünftig, daß die Urheber solcher wahren Angaben auch bezüglich ihres derzeitigen Zustandes wahrhafte Aufklärung geben?

Ich erwähne von mannigfachen mir zur Verfügung stehenden Fällen nur einige wenige. Mir kommt es darauf an, daß dieses ganze System, angefangen mit dem niedrigsten physischen Phänomen des Tischrückens, bis zur höchsten inspirierten Äußerung eines Propheten, ein einheitliches Ganzes bildet, bei dem sich Glied an Glied reiht. Und als der erste unscheinbare Anfang dieser Kette in die Hand des Menschen gelegt wurde, da geschah es mit der Absicht, daß wir mit Fleiß und Vernunft unseren Weg nach oben hinauf suchen müssen, hinauf zur Offenbarung, die uns am anderen Ende erwartet. Man soll über das unscheinbare Anfangsglied nicht verächtlich die Achseln zucken, soll nicht höhnisch lächeln über die Bewegung des Tisches, über das Fliegen der Tamburinen, wie oft auch derartige Phänomene in betrügerischer Absicht mißbraucht worden sein mögen. Der fallende Apfel lehrte uns das Gesetz von der Schwerkraft, der kochende Teekessel brachte uns die Dampfmaschine, der zuckende Froschschenkel öffnete das Gebiet der Elektrizität. So haben die unscheinbaren Manifestationen von Hydesville Forschungsgebiete eröffnet, mit denen sich während der letzten zwanzig Jahre die wichtigsten Intellekte dieses Landes beschäftigt haben, und haben heute schon Resultate gezeigt, deren Bestimmung ist, die menschliche Erkenntnis in höhere Regionen zu tragen, als die Menschen jemals vorher erreichten. Leute, deren Urteil ich hochachte, besonders Sir William Barratt, versichern, daß psychische Forschung und Religion sich wesentlich voneinander unterscheiden. Gewiß, das heißt in dem Sinne, daß ein psychischer Forscher ein sehr schlechter Mensch sein kann. Aber die Resultate psychischer Forschung, die aus denselben sich ergebenden Deduktionen und Lehren, predigen von dem fortdauernden Leben der Seele, schildern die Art dieses Lebens und seine Beeinflussung durch unser Verhalten auf Erden. Wenn all dieses sich von Begriff und Wesen der Religion unterscheidet, dann – so muss ich bekennen – ist solcher Unterschied mir unverständlich. Für mich ist das eben Religion, der wahrhafte, wesentliche Kern derselben. Aber damit ist nicht gesagt, daß sich notwendigerweise nun eine neue Religion herausbilden muss. Ich für meine Person hoffe, daß dies nicht der Fall sein wird. Wahrlich, wir sind heute schon uneinig genug in religiösen Fragen. Ich hoffe vielmehr, daß die neue Erkenntnis sich als große vereinigende Kraft bewähren werde, als die einzige im Zusammenhang mit jeder Religion beweisbare Tatsache, gleichgültig, ob diese Religion christlicher oder nichtchristlicher Weltanschauung sei, – daß diese neue Erkenntnis die gemeinsame, feste Basis bilden werde für die verschiedenen Formen religiöser Bekenntnisse (wenn diese nun einmal verschiedengestaltig existieren müssen, um an die verschiedengestaltigen Typen von Gemüt und Verstand zu appellieren). Südliche Rassen werden immer eine mildere Form verlangen als die nördlichen. Der Westen wird immer kritischer sein als der Osten. Die Menschen lassen sich eben nicht alle über denselben Kamm scheren. Wenn aber verbürgte aus dem Jenseits übermittelte Nachrichten als breite Grundlage anerkannt werden, so hat die menschliche Rasse einen großen Schritt vorwärts zum religiösen Frieden und zur Einigkeit getan.

Nun tritt uns die Frage entgegen, wie die neue Erkenntnis auf die älteren organisierten religiösen Lehren und Philosophien einwirken wird, auf diese Weltanschauungen, die bisher für die Handlungen der Menschen die Richtschnur gaben. Einer einzigen dieser Weltanschauungen bringt die neue Offenbarung Vernichtung: der materialistischen. Aus mir spricht nicht der Geist der Feindschaft den Materialisten gegenüber. Sie sind, meiner Ansicht nach, als Ganzes betrachtet, eine ebenso ernsthafte und moralische Gemeinschaft, wie irgendeine andere. Doch ist die Tatsache klar, daß der materialistischen Lehre der Boden entzogen wird, auf dem sie ruht, wenn Geist ohne Materie existieren kann. Damit stürzt ihr ganzes System zusammen.

Auch das konventionelle Christentum würde durch Annahme der uns aus dem Jenseits gebrachten Lehre auf das tiefste erschüttert. Doch handelt es sich hierbei mehr um Erläuterung und Entwicklung als um Widerspruch. Die neue Lehre würde schwere Mißverständnisse, welche von jeher die Vernunft eines jeden denkenden Menschen beleidigt haben, aufklären und in neue Bahnen lenken, würde aber die Tatsache des Lebens nach dem Tode als Basis jeder Religion bestätigen und ihren unleugbaren Beweis erbringen. Sie würde die Existenz höherer Wesen, die wir bisher Engel nannten, bekräftigen, das Vorhandensein ewig aufsteigender Sphären, in welchem Christus, der Geist, sein Wesen treibt, – Sphären, die sich in unendlichen Höhen verlieren, wie wir sie mit dem Begriffe der Allmacht und Gottheit verbinden. Sie würde die Himmelsidee aufrechterhalten, die Lehre vom Zustand zeitlicher Strafe, die mehr dem Begriffe des Fegefeuers als dem der Hölle entsprechen würde. In wesentlichen Punkten zerstört also die neue Lehre durchaus nicht den alten Glauben. Von allen ernsten Gläubigen aller Bekenntnisse sollte die neue Offenbarung also als machtvollster Bundesgenosse begrüßt und nicht als teuflische Ausgeburt verabscheut werden.

Und in welchen Beziehungen erfährt die christliche Religion eine Läuterung durch die neue Offenbarung?

Die christliche Religion muss sich ändern oder untergehen. Diese Wahrheit muss sich vielen aufdrängen, so sehr sie dieselbe auch beklagen mögen. Die Forderung des Sich-Anpassens ist das Gesetz des Lebens. Die christliche Religion hat dieser Entwicklung allzu lange widerstrebt, so lange, bis ihre Kirchen sich halb leerten, bis ihre Anhängerschaft hauptsächlich aus Frauen bestand, bis auf der Höhe der Leiter der Gesellschaft die Gebildeten und in der Tiefe die Armen sich von ihr abwandten, in der Stadt wie auf dem Lande. Diese Erscheinung zeigt sich bei allen christlichen Sekten und stammt aus gemeinsamer Quelle. Wir wollen versuchen, derselben nachzuspüren. Wir sind der christlichen Religion entfremdet, weil wir ihre Lehren nicht glauben können, die uns als wahrhaftige Tatsachen verkündet werden. Unsere Vernunft und unser Gerechtigkeitssinn werden beleidigt. Wir können keine Gerechtigkeit in dem Opfer eines unschuldigen Stellvertreters erblicken. Können keinen Gerechtigkeitswillen bei einem Gotte anerkennen, der sich durch solche Mittel besänftigen lässt. Und viele von uns können Ausdrücke nicht verstehen, wie: »Gereinigt durch das Blut das Lammes« oder

»Erlösung von der Sünde«. Solange ein Sündenfall überhaupt in Frage kommen konnte, ließen sich derlei Redensarten auf die eine oder andere Art erklären. Seitdem sich aber mit Sicherheit erwies, daß ein Sündenfall niemals stattgefunden haben kann – seitdem wir mit stetig wachsender Kenntnis unseren Vorfahren nachspüren können, durch das Stadium des Urmenschen und Höhlenmenschen hindurch, zurück in die weiten Fernen der Entwickelung des affenähnlichen Menschen aus dem menschenähnlichen Affen, seitdem wir imstande sind, auf diesen ungeheuren Zeitraum des Werdens zurückzublicken, erkannten wir, daß das Leben sich hindurch- und hinaufgerungen hat von Stufe zu Stufe. Niemals hat es einen Beweis irgendwelcher Art für einen Sündenfall gegeben. Aber ohne Sündenfall, was wird da aus der Vergeltung, aus der Erlösung, aus der Erbsünde, aus einem beträchtlichen Teil der mystischen christlichen Philosophie? Selbst dann, wenn diese Philosophie so sinnig wäre, wie sie unsinnig ist, würde sie in krassem Widerspruche zu den Tatsachen stehen.

Viel zu viel ist von dem Tode Christi gemacht worden. Es ist nichts Ungewöhnliches, daß Menschen ihr Leben für eine Idee opfern. Alle Religionen hatten ihre Märtyrer. In allen Zeiten starben Menschen für ihre Überzeugung. So sterben Tausende unserer jungen Menschen in diesem Augenblick auf französischem Boden. So schön auch die Erzählung der Heiligen Schrift an und für sich ist, der Tod Christi hat eine ungebührliche Bedeutung angenommen … als sei das Sterben im Dienste einer Reform eine ganz isolierte Erscheinung. Und im Gegensatze zum Tode Christi ist die Bedeutung seines Lebens viel zu wenig hervorgehoben worden. In seinem Leben lag die wahre Herrlichkeit seiner Lehre. So spärlich die auf uns übergegangenen Nachrichten sind, keine einzige kündet von irgendeinem Zuge seines Lebens, der nicht herrlich wäre. Voll von Duldsamkeit für andere, voll von Barmherzigkeit, von großzügiger Mäßigung, von Überzeugungsmut, immer dem Fortschritt zustrebend und neuen Anregungen zugänglich, dennoch aber ohne Bitterkeit gegen die Anschauungen, die er bekämpfte, wenn er auch gelegentlich den engherzigen Vertretern derselben seinen Ärger zeigte. Besonders liebenswert erscheint uns sein Eifer, den Geist der Religion zu erfassen, indem er Formelkram und Wortherrlichkeit beiseite schob. Allen ein leuchtendes Beispiel des gesunden Menschenverstandes und des Mitgefühls mit den Schwachen. Dieses so wunderbar sich aus dem Gewöhnlichen hervorhebende Leben ist es, das den wahren Mittelpunkt der christlichen Religion bildet, und nicht sein Tod.

Welche Aufklärung können wir von unseren Geisterführern aus dem Jenseits über diese Frage des Christentums erhalten? Ihre Ansichten dort sind ebenso wenig völlig übereinstimmend wie unsere Ansichten hier auf Erden. Wenn ich eine Anzahl ihrer Botschaften zusammenfasse, ergibt sich im Wesentlichen das Folgende: Bei unseren Verstorbenen befinden sich viele überlegene Geisterwesen, welche verschiedenen Stufen der Entwickelung angehören. Man kann sie »Engel« nennen, will man in Berührung mit alter religiöser Vorstellung bleiben. Hoch über ihnen allen schwebt das höchste der Geisterwesen, von dem sie Kenntnis haben – – nicht Gott, denn Gott ist so unendlich, daß er sich ihrer näheren Kenntnis entzieht, – – aber ein Wesen, das Gott näher steht, und dementsprechend für ihn eintritt. Das ist der Christus-Geist, dessen besonderer Sorge die Erde anvertraut ist. Er stieg zur Erde herab in Zeiten großer Verderbnis als sie beinahe so schlecht war wie zur heutigen Zeit, – – um den Menschen die Lehre seines großen Lebens zu geben. Dann kehrte er zurück in seine Sphären und hinterließ das Beispiel, das auch heute noch ab und zu Nachfolger findet. So lautet die Lehre der Geister über Christus. Nichts enthält sie über Vergeltung oder Erlösung. Aber durchaus vernünftig ist sie und verständlich, so daß ich wenigstens gern bereit bin, ihr Glauben zu schenken.

Würde solche Anschauung über das Christentum allgemeine Annahme finden, würde sie bestärkt werden aus dem Jenseits durch Wort und Demonstration als neue Offenbarung, dann wäre ein Glaube entstanden, der die verschiedenen Kirchen einigen kann, der mit der Wissenschaft in Einklang gebracht werden kann, der allen Angriffen gewachsen sein und den christlichen Glauben in unbegrenzte Zeiten tragen würde. Dann hätte endlich die Stunde der Versöhnung geschlagen für Vernunft und Glauben – – wir wären von einem Alpdrucke befreit und geistiger Friede würde uns verbinden. Nicht als plötzlicher Sieg oder gewalttätige Revolution wird meiner Ansicht nach solcher Umschwung kommen, vielmehr als still friedliches Durchdringen der Wahrheit, wie ja auch innerhalb unseres eigenen Erdenlebens rohe Vorstellungen gleich der von der ewigen Hölle langsam verblassen. In der Zeit der Not, wenn die Seele des Menschen zerrissen wird durch Sorge gleich dem Acker, den der Pflug durchzieht, dann ist der Augenblick der Aussaat für den Samen der Wahrheit gekommen. Und so wird sicherlich in Zukunft eine geistige Ernte reifen aus unseren Tagen des Jammers.

Wenn ich heute das Neue Testament im Lichte meines spiritistischen Wissens lese, dann drängt sich mir die Überzeugung auf, daß die frühe Kirche eines sehr beträchtlichen Teiles der Lehre Christi verlustig gegangen ist und daß außerordentlich wichtige Tatsachen unseren Zeiten nicht überliefert worden sind. Alle jene Anspielungen auf den Sieg über den Tod besitzen meines Erachtens geringe Bedeutung in der gegenwärtigen christlichen Philosophie. Für diejenigen aber, die, wenn auch noch so nebelhaft, durch den Schleier gelugt haben, für alle, denen es vergönnt war die aus dem Jenseits entgegengestreckten Hände zu berühren – – wenn auch noch so leicht, – – für sie alle ist die Überwindung des Todes Tatsache geworden. Wenn wir lesen, wie die Schrift so oft Bezug nimmt auf Phänomene, mit denen wir wohl vertraut sind (Phänomene wie Aufschweben von Körpern, das Reden mit »feurigen Zungen«, »der rauschende Wind«, die Wirkung spiritistischer Gaben, der Vollzug von »Wundern«), dann sind wir sicher, daß die im Mittelpunkt stehende Tatsache, die Fortdauer des Lebens und der Verkehr mit den Toten, damals zweifellos schon bekannt war. Wir horchen auf bei Aussprüchen wie: »Hier verrichtet er keine Wunder, weil die Leute keinen Glauben hatten.« Stimmt das nicht völlig mit unserer Kenntnis psychischer Gesetze überein? Oder wenn Christus sagt, als die kranke Frau ihn berührt: »Wer hat mich berührt? Viel ›Tugend‹ hat mich verlassen«. Könnte er klarer das ausdrücken, was auch heute noch ein heilendes Medium ausdrücken würde, nur mit dem Unterschied, daß das Medium das Wort »Kraft« gebrauchen würde, an Stelle des Wortes »Tugend«. Oder wenn wir lesen: »Erprobe die Geister, ob sie von Gott kommen«. Würden wir nicht einem Neuling denselben Rat bei einer Sitzung geben? Die Frage ist eine so umfangreiche, daß ich sie hier nur andeuten kann. Aber ich glaube, daß dieser Punkt, den die christlichen Kirchen jetzt so bitter angreifen, tatsächlich den Kernpunkt der ganzen christlichen Lehre bedeutet.

Denjenigen, die hierüber mehr lesen möchten, empfehle ich Dr. Abraham Wallaces Büchlein »Jesus von Nazareth«. Mit überzeugender Kraft legt er dar, daß »die Wunder« Christi sich alle innerhalb psychischer Gesetze bewegten, wie wir dieselben jetzt kennen. Zwei Beispiele sind bereits früher von mir mitgeteilt worden, viele andere befinden sich in der erwähnten Schrift. Die Schilderung des Vorganges der Materialisation durch die beiden Propheten stimmt außerordentlich genau mit den psychischen Gesetzen überein und wirkt deshalb mit überzeugender Kraft. Petrus, Jakobus und Johannes wurden auserwählt – sie bildeten den psychischen Kreis, als der »Tote« zum Leben zurückgerufen wurde; sie besaßen wahrscheinlich die stärksten Gaben. Zu beachten ist ferner, daß der hohe Berg mit seiner reinen Luft ausersehen wurde, zu beachten ist die Benommenheit der mitwirkenden Medien, – – die Verwandlung – – die leuchtende Kleidung – – die Nebel – – und die Worte: »Laß uns drei Tabernakel bauen«, oder, wie eine Lesart sagt: »drei Hütten oder Zellen«. Das ist gerade die ideale Stätte, um die psychischen Kräfte zu konzentrieren und Materialisation hervorzubringen. Alle diese Einzelheiten geben uns eine starke Grundlage der Beurteilung der Art dieser Vorgänge. Und außerdem: die einzelnen Gaben, welche St. Paul als notwendige Erfordernisse eines Jüngers Christi anführt, sind genau die Gaben eines stark wirkenden Mediums – – mit Einschluß der Prophetengabe Heilkraft, Vollbringen von

»Wundern« (d. h. physischer Phänomene), Hellsehen usw. (Vgl. I Korinth. XII, V. 10-11.) Wahrlich, die frühe christliche Kirche war durchdrungen vom Spiritismus, und ihre Anhänger scheinen den alttestamentarischen Bestimmungen keine Beachtung geschenkt zu haben, welche die Ausübung spiritistischer Kräfte in der Absicht untersagten, dieselben der Priesterschaft zum alleinigen Gebrauch und Nutzen zu reservieren.

Dritter Teil: Das Leben nach dem Tode

Man kann über diese große Frage, in welcher Weise die neue Offenbarung auf christliche Lehre und Christentum wirken wird, jawohl verschiedener Ansicht sein. Wir wollen die Frage jetzt auf sich beruhen lassen und versuchen, uns über das Geschick klar zu werden, welches unser nach dem Hinüberscheiden harrt. Die Angaben hierüber sind ziemlich umfangreich und übereinstimmend. In vielen Ländern und zu verschiedenen Zeiten trafen bezügliche Botschaften der Verstorbenen ein, untermischt mit Angaben über unsere eigene Welt, die kontrolliert und als richtig befunden werden konnten. In solchen Fällen scheint mir die Annahme recht und billig zu sein, daß das Nichtbeweisbare wahr sein wird, wenn sich das Beweisbare als wahr erweist. Findet sich außerdem in diesen Botschaften eine große Übereinstimmung sowohl im allgemeinen, wie auch in solchen Einzelheiten, die von allen bisherigen Vorstellungen weit abweichen, so scheint mir die Annahme der Glaubwürdigkeit eine wohlbegründete. Unglaubwürdig scheint es mir, daß etwa zwanzig mir vorliegende Botschaften, die aus verschiedenen Quellen stammen und alle übereinstimmen, trotzdem alle falsch sein könnten. Unglaubwürdig scheint es mir, daß Abgeschiedene zwar die Wahrheit über unsere eigene Welt aussagen könnten, aber die Unwahrheit über ihre eigene. Ich habe kürzlich in derselben Woche zwei Berichte über das Leben im Jenseits empfangen. Der eine stammte von einem nahen Verwandten eines hohen Würdenträgers der Kirche, der andere von der Frau eines Handwerkers in Schottland. Keiner von beiden konnte von dem anderen wissen, und dennoch sind beide Berichte sich so ähnlich, daß sie in Wahrheit gleichlauten. (Siehe Anhang II.)

In bezug auf das Schicksal unserer Lieben und unserer eigenen Person scheint mir die Botschaft unendlich trostreich. Die Verstorbenen stimmen alle überein, daß das Hinscheiden leicht sei und schmerzlos und daß es in einen Zustand herrlichsten Friedens und ungeheurer Erleichterung überleite. Der Verstorbene findet sich in seiner Geistergestalt wieder, die seinem früheren Körper genau entspricht – jedoch ist alle Krankheit, Schwäche und Mißgestalt verschwunden. Dieser verklärte Körper steht oder schwebt neben seiner irdischen Form, ist der Gegenwart derselben bewusst, wie auch der Gegenwart der anwesenden Menschen. In diesem Augenblicke des unmittelbar vorher erfolgten Hinscheidens befindet sich der Verklärte dem stofflichen Zustande noch näher, als späterhin jemals der Fall sein wird. So erklärt sich, daß gerade in diesem Augenblicke meistens die Fälle sich ereignen, daß der Geisterkörper, erfüllt mit dem Gedanken an eine in der Entfernung weilende Person, forteilt und dieser Person in Erscheinung tritt. Von den 250 Fällen, die Mr. Gurney untersucht hat, traten 134 derartiger Erscheinungen in dem Augenblicke des Absterbens ein. Man kann sich vorstellen, daß gerade dann der Geisteskörper soweit stoffliche Eigenschaften besitzt, daß er von einem sympathischen menschlichen Auge wahrgenommen werden kann, während später solche Möglichkeit schwindet. Derlei Erscheinungen sind jedoch sehr selten im Vergleich zu der Gesamtzahl der Todesfälle. Mir scheint, in den meisten Fällen wird der soeben Verstorbene von der Ungeheuerlichkeit seiner Erfahrung allzu sehr erschüttert sein, um an andere denken zu können. Er versucht, sich mit denen, die er sieht, zu verständigen, findet aber, daß Stimme und Druck seines ätherischen Körpers unzureichend sind, um auf die nur gröberen Reizen zugänglichen menschlichen Organe einzuwirken. Dürfen wir hier nicht wenigstens als spekulative Erwägung die Frage andeuten, ob nicht vielleicht die Strahlen auf dem äußersten Ende des Spektrums, die nur mit Hilfe besonderer Mittel von uns wahrgenommen werden können, und ob ferner nicht die Tonschwingungen, die nur durch die Vibrationen eines Diaphragma nachgewiesen werden können, sich als geeignet erweisen könnten, unsere Kenntnis psychischer Phänomene zu erweitern? Dies aber nur als beiläufige Bemerkung.

Der soeben Verstorbene wird sich plötzlich der Tatsache bewußt, daß außer den Lebenden noch andere Wesen sich im Raume befinden, die ihm genau so deutlich sichtbar erscheinen. Und unter ihnen sieht er vertraute Gesichter. Er fühlt sich geküßt von denen, die er liebte, fühlt seine Hand ergriffen. Und voll von Erstaunen und Wunder schwebt er in ihrer Gesellschaft hinaus in sein neues Dasein, hindurch durch alle materiellen Gegenstände, während höhere Wesen, die des neuen Ankömmlings harrten, die Führung übernehmen.

So lautet die bestimmte Kunde. Sie wird immer wieder gebracht, von einem nach dem anderen, mit einer Beständigkeit, welche Glaubwürdigkeit erheischt. Sehr verschieden ist diese Lehre von den Doktrinen irgendeiner alten Theologie. Der Geist des Verstorbenen wandelt sich nicht zum verklärten Engel oder zum hölleverdammten Sünder – nein, er bleibt sein früheres Ich, mit seiner Stärke und Schwäche, seiner Weisheit und Torheit, wie er auch sein persönliches Aussehen behalten hat. Wir sollten wohl annehmen, daß das Ungeheure des Erlebnisses auch bei dem Frivolsten und Einfältigsten sich als reinigende Kraft erweisen würde. Aber auch hier stumpfen sich die äußeren Eindrücke bald ab. Auch in der neuen Umgebung kann die alte Natur wieder zum Durchbruch kommen, und der Frivole kann als Frivoler überleben, wie unsere Sitzungen beweisen.

Und jetzt – vor dem Eintritt in sein neues Leben – befällt den Geist ein Schlaf, dessen Dauer verschieden ist – manchmal von kaum nennenswerter Länge, manchmal sich über Wochen und Monate ausdehnend. Raymond erklärt, sein Schlaf habe sechs Tage gewährt, – derselbe Zeitraum, der mir in einem Falle meiner persönlichen Erlebnisse angegeben wurde. Dagegen berichtete Mr. Myers, daß er während sehr langer Zeit von Bewußtlosigkeit umfangen gehalten wurde. Ich kann mir vorstellen, daß die Dauer des Schlafes dem Grade unserer irdischen Sorge und geistigen Benommenheit entspricht. Je größer dieselbe, desto länger der Schlaf, um die irdischen Eindrücke zu verwischen. Wahrscheinlich bedarf das kleine Kind überhaupt nicht eines derartigen Überganges. Aber diese Bemerkungen sind rein spekulative Erwägungen. Jedenfalls zeigen alle Aussagen eine beträchtliche Übereinstimmung darin, daß eine Periode der Bewußtlosigkeit sich einstellt, sobald der erste Eindruck des neuen Daseins verschwunden und bevor die neuen Pflichten ihren Anfang genommen haben.

Erwacht der Geist aus seinem Schlafe, so ist er schwach – schwach wie das irdische Kind nach seiner Geburt. Aber bald kehrt die Kraft zurück, und mit ihr beginnt das neue Leben.

Jetzt führt uns die Gedankenfolge zu den Begriffen von Himmel und Hölle. Natürlich bricht die Vorstellung von der Hölle in sich zusammen, wie sie ja längst keinen Platz mehr hatte in dem Hirn irgendeines vernünftigen Menschen. Dieses gräuliche Hirngespinst mit seiner brutalen Schändung unseres Schöpfers erstand aus den Übertreibungen orientalischer Phantasie. Es war zweckdienlich in einem rohen Zeitalter, als die Menschheit vor den Schrecken des Feuers zurückbebte. Hölle als dauernder Aufenthaltsort ist ein Wahn, aber die Idee der Strafe, der Gedanke an eine reinigende Züchtigung, so Ähnliches wie Fegefeuer, findet rechtfertigende Bestätigung durch die Nachrichten aus dem Jenseits. Ohne derartige Strafe keine Gerechtigkeit im Weltall. Unmöglich kann man annehmen, daß ein Rasputin dasselbe Schicksal erlebe wie ein Vater Damien. Ebenso sicher wie empfindlich ist die Strafe. In weniger ernsten Fällen besteht sie nur darin, daß niedrigstehende Seelen sich in niedrigen Sphären aufhalten müssen mit dem Bewusstsein ihrer eigenen Schuld, aber auch mit der Hoffnung, daß eigene Buße unter dem Beistand höherer Wesen sie erziehen und zu höherer Sphäre erheben wird. In dieser erlösenden Arbeit liegt zum Teil die Tätigkeit der höheren Wesen. In ihrem prächtigen, nach ihrem Tode veröffentlichten Buch äußert Miß Julia Ames die denkwürdigen Worte: »Es ist die größte Freude im Himmel, die Hölle zu leeren.«

Diese zur Prüfung und Reinigung bestimmten Sphären sollten eher als eine Art Heilstätte für krankende Seelen betrachtet werden, denn als Mittel zur Strafe. Im übrigen stimmen alle Botschaften überein, daß die Daseinsbedingungen im Jenseits wonnige sind. Die zueinander gehören, finden sich. Die, welche sich lieben oder gemeinsame Interessen haben, werden vereinigt. Das Leben ist angefüllt mit fesselnder Tätigkeit, und niemand würde wünschen, zur Erde zurückzukehren. Das alles sind Botschaften des Heils und der Freude. Sie beruhen nicht auf vager Hoffnung und Glaubensduselei. Das wiederhole ich ausdrücklich. Sie sind bekräftigt durch alle Gesetze der Beweisführung, welche verlangen, daß ein Bericht, der von vielen unabhängigen Zeugen übereinstimmend abgegeben wird, beanspruchen darf, als wahr zu gelten. Würde derartiger Bericht von verklärten Seelen melden, die sofort gereinigt von aller menschlichen Schwäche sich in dauernder Ekstase um den Thron des Allmächtigen bewegen, so wäre man berechtigt solche Kunde als einfache Reflexion volkstümlicher Theologie zu betrachten, wie sie allen als Medium dienenden Personen in ihrer Jugend gelehrt wurde. Aber tatsächlich lauten diese Berichte ganz anders als die Lehren irgendeines der bestehenden Religionssysteme. Auch sind sie durch die Tatsache bekräftigt, daß sie doch schließlich – ganz abgesehen von ihrer Beständigkeit – das Endergebnis einer langen Reihe von Phänomenen darstellen, deren Wahrhaftigkeit von allen, die sie untersuchten, bestätigt wurde.

Was im allgemeinen die Lehre vom Leben nach dem Tode betrifft, so könnte man einwerfen, daß der religiöse Glaube uns diese Erkenntnis bereits gibt. Aber so herrlich der persönliche Glaube des einzelnen auch sein mag, er hat sich als Eigentum der Masse immer als zweischneidiges Schwert erwiesen. Gäbe es einen allen Menschen gemeinsamen Glauben, und wären die Institutionen des Menschengeschlechtes konstante, so wäre es gut. Aber dem ist nicht so. Mit dem Ausdruck »religiöser Glaube« bezeichnen wir etwas, von dessen Wahrheit wir zwar durchdrungen sind, ohne imstande zu sein, sie zu beweisen. Der eine sagt: »Ich glaube dies!« Der andere entgegnet: »Ich glaube das!« Beide bleiben den Beweis schuldig, und anstatt des Beweises kämpfen sie miteinander, entweder geistig, oder, wie in Alten Zeiten, mit physischen Waffen. Der Stärkere ist geneigt, den Schwächeren zu verfolgen und ihn zwangsweise zu seinem »wahren Glauben« zu bekehren. Philipp der Zweite besaß starken klaren Glauben, und so tötete er mit logischer Konsequenz einhunderttausend ungläubige Niederländer in der Hoffnung, die Landsleute derselben zu seiner eigenen Glaubenswahrheit zu treiben. Würde man sich zu der Erkenntnis aufschwingen, daß es durchaus nicht tugendhaft ist, für eine unbeweisbare Behauptung die Anerkennung als Wahrheit in Anspruch zu nehmen, so würden wir gezwungen werden Tatsachen zu beachten, logische Schlüsse aus ihnen zu ziehen, um auf Grund derselben vielleicht zu allgemeiner Verständigung zu gelangen. Gerade deshalb erscheint mir diese psychische Bewegung so wertvoll. Ihre Basis steht einigermaßen fester als die durch Bibeltexte, Traditionen und Intuitionen geschaffene. Sie bedeutet eine Religion auf Grund unserer heutigen Erkenntnis aus dem Diesseits und Jenseits, also einer zweifachen Erkenntnis, an Stelle der antiken Überlieferungen unserer eigenen Erde.

Wir dürfen uns die kommende Welt nicht so vorstellen, als gleiche sie einem zierlichen, ordnungsgemäß bepflanzten Garten, der sich leicht beschreiben lässt. Die Boten, die mit uns Fühlung suchen, befinden sich wahrscheinlich alle in einem mehr oder weniger gleichen Stadium der Entwickelung, und stellen gleichsam die gleiche Lebenswoge dar, wie sie von dem Gestade unserer Erde abgleitet. Gewöhnlich stammen diese Mitteilungen von den erst kürzlich Verschiedenen und werden mit den Jahren schwächer, wie sich ja auch erwarten lässt. In dieser Beziehung ist die Tatsache lehrreich, daß Christus dem Paulus und seinen anderen Jüngern innerhalb weniger Jahre nach seinem Tode wiedererschien – wie die Überlieferung sagt – und daß niemand unter den ersten Christen behauptet, ihn später wieder gesehen zu haben. Die Fälle, daß vor längerer Zeit Abgeschiedene sichere Beweise ihrer Existenz geben, sind selten. Aus diesem Grunde stammen unsere Nachrichten gewissermaßen von einer und derselben Generation, und wir dürfen sie nicht als abschließende, sondern müssen sie als lückenhafte Meldungen betrachten. In wie verschiedenem Lichte die Geister, ihrer eigenen Entwicklungsstufe entsprechend die Dinge beurteilen, geht aus dem Beispiel der Miß Julia Ames hervor, die zuerst eine ständige Verbindung herstellen wollte, dann aber nach fünfzehn Jahren erklärte, daß unter Millionen von Geistern kaum ein einziger den Wunsch habe, mit Menschen Berührung zu pflegen, nachdem ihre eigenen Lieben den Weg zum Jenseits gefunden haben. Mögen also auch die uns zukommenden Berichte einseitig und lückenhaft sein, so sind sie dennoch mit Beharrlichkeit gleichlautend und verdienen auch in ihrer Unvollkommenheit außerordentliche Beachtung. Denn sie künden von unserem eigenen Geschick und dem unserer Lieben. Alle stimmen überein, daß die von dem Verstorbenen zunächst erreichte Phase nur beschränkte Zeit andauert und daß andere Phasen der Entwickelung sich anschließen. Aber es scheint, als ob der Verkehr zwischen den Angehörigen verschiedener Phasen inniger ist als zwischen uns und Geisterland. Die Wesen auf niederer Entwickelungsstufe können nicht nach eigenem Gutdünken in die Sphären höherer Entwickelung aufsteigen, aber die höheren Wesen können zu den niederen herabsteigen. Zwischen ihrem Dasein und dem irdischen in seiner vollendetsten Gestalt besteht eine nahe Analogie. Hier Leben des Körpers – dort Leben des Geistes. Nahrung – Geld – sinnliche Lust – Schmerzen – sind vergangen und vorüber. Aber intellektuelle, geistige und seelische Erkenntnis ist erweitert und gewachsen. Verschiedenartige Sprache wird nicht länger zum Hindernis der Verständigung, da der Gedanke die Stelle des Wortes vertritt. Wie nahe der Zusammenhang verwandter Seelen wird, zeigt das Beispiel von Myers, Gurney und Roden Noel, die während ihres Erdenlebens gemeinsam arbeiteten und befreundet waren. Sie sandten ihre Botschaften durch Mrs. Holland, welche keinen der drei kannte. Und dennoch brachte jede Botschaft Einzelheiten, die für die Verstorbenen charakteristisch waren und von denen, die sie kannten, als wahr anerkannt wurden.

Wir haben jetzt die Umrisse des Daseins im Jenseits in seiner einfachsten Gestalt gezeichnet. Aber als Ganzes betrachtet ist dieses Dasein durchaus nicht einfach. Unser Auge kann nur in nebelhaftem Schimmer unendliche Sphären wahrnehmen, die dort in Dunkelheit absteigen, hier in Verklärung hinaufführen – alle im Dienste der Entwickelung eines guten Willens, des vollen Lebens.

Auch darin stimmen alle Botschaften überein, daß kein religiöses Glaubensbekenntnis hier auf Erden dem Bekenner dort im Jenseits Vorteile bringt. Der persönliche Charakter, die errungene Stufe der irdischen Entwickelung – sie bedeuten alles. Glaubensbekenntnisse, die das Gebet fördern und die Augen nach oben richten, sind wertvoller, als diejenigen, welche die Augen im Staube halten. Also in diesem Sinne, als Stufe zum geistigen Leben – und in keinem anderen Sinne – hat jede Glaubensform ihren Wert für den einzelnen. Wenn der Tibetaner bei dem Schwirren eines metallenen Zylinders bekennt, daß ein höheres Wesen existiert als seine Berge, so ist es gut. Im Dienste dieses einen Zweckes ist es gut. Wir dürfen in solchen Dingen keine zu pedantischen Kritiker sein.

Noch einen Punkt müssen wir hier in Erwägung ziehen. Zuerst scheint er auffällig und überraschend, aber dennoch, bei einiger Überlegung, durchaus verständlich. Wir meinen die beständig aus dem Jenseits wiederkehrende Versicherung, daß der soeben Verstorbene nicht weiß, daß er tot ist, und daß er langer, manchmal sehr langer Zeit bedarf, um diese Tatsache voll zu verstehen. Alle Nachrichten stimmen überein, daß dieser Zustand der Verwirrung und Benommenheit schädlich ist, da er die Entwickelung beeinträchtigt. Allein die Erkenntnis der tatsächlichen Wahrheit schon während des irdischen Lebens kann solche Benommenheit verhindern. Wenn die neuen Verhältnisse sich als so gänzlich verschieden von dem erweisen, was dem Lebenden Wissenschaft und Religion gelehrt hatte, wenn alles so ganz unvorbereitet über den Verstorbenen hereinbricht, so ist es kein Wunder, daß er das ungeheure, neue Erlebnis als wirren, fremdartigen Traum betrachtet. Je fester seine Anschauungen in starrer Orthodoxie verankert waren, desto unmöglicher wird es ihm, diese Erlebnisse mit allem, was sie bedeuten, als Wirklichkeit zu erfassen. Aus diesem Grunde, wie aus vielen anderen Gründen, bringt die neue Offenbarung der Menschheit eine sehr heilsame Erkenntnis. Weniger wichtig, aber immerhin doch von praktischer Bedeutung, ist die Erkenntnis, daß die an Jahren alten Menschen trotz ihres Alters andauernd bestrebt sein sollten, an ihrer

Entwickelung und Veredelung weiterzuarbeiten. Ist den Alten auch keine Zeit auf Erden vergönnt, neu Erworbenes zu verwerten, so bleibt das Erworbene ihr seelisches Eigentum, welches ihnen in das Jenseits folgt.

Auf die kleineren Einzelheiten des Lebens im Jenseits wollen wir hier nicht eingehen, eben deshalb, weil sie kleinere Einzelheiten sind. Wir alle werden sie bald selbst erleben. Nur törichte Neugierde kann jetzt schon nach ihnen fragen.

Viele klagen, daß dieses uns von den Verstorbenen beschriebene Jenseits allzu materiell sei für ihren Geschmack.

Nun, auch in dieser Welt gibt es so mancherlei, was anders ist, als wir es wünschen. Aber nichtsdestoweniger besteht es. Wollen wir aber diese Anklagen untersuchen und uns bemühen, ein System aufzustellen, das die Idealisten befriedigen könnte, so würde sich unsere Aufgabe recht schwierig gestalten. Sollen wir in Zukunft nicht mehr sein als Hauch, ein gasförmiges, im Äther schwebendes Gebilde des Glücks? So scheint die Vorstellung dieser Leute. Aber wenn nicht ein Körper, dem unsrigen gleichend, fortexistiert, wenn unsere Individualität aufhört, so hören wir selbst auf und sind verschwunden. Was könnte einer Mutter daran liegen, einem verklärten, unpersönlichen Wesen zu begegnen? Würde sie nicht sagen: »Du bist nicht mein Sohn, den ich verloren habe ... ich sehne mich nach seinem blonden Haar ... nach seinem herzigen Lachen ... nach seinen kleinen Eigentümlichkeiten, die ich so liebte?« Jawohl, das ist's, nach dem die Mutter verlangt. Und das ist es auch, was ihr beschieden sein wird. Aber derartige Wünsche könnten nicht durch eine Neuordnung erfüllt werden, welche jede Erinnerung an die Materie ausschließt und uns in die vage Atmosphäre schwebender Wesenlosigkeit versetzt.

Auf der anderen Seite macht sich die entgegengesetzte Anschauung geltend, daß ein Leben mit starken Vorstellungen, tatkräftigem Wollen in wahrhaftiger Umgebung verbunden sein könnte mit so ätherischem Stoffe. Und hier müssen wir uns daran erinnern, daß alle Vorstellungen nur relative sind.

Könnten wir uns eine tausendfach dichtere, schwerere Welt vorstellen, als unsere irdische, so würden die Bewohner derselben ihre Lebensverhältnisse nicht anders empfinden, als wir die unseren. Denn die ihnen eigentümliche Kraft, Anlage und Eigenschaften wären proportionelle. Kämen jedoch solche Geschöpfe mit uns in Berührung, so würden sie uns für ätherische Wesen halten, die in sonderbarer, leichter, geisterhafter Atmosphäre leben. Sie würden außer acht lassen, daß wir in ähnlicher Weise wie sie selbst fühlen und handeln können, weil zwischen uns und unserer Umgebung der harmonische, proportionelle Ausgleich besteht, geradeso wie bei ihnen.

Auch uns scheint es, als führten diese Geisterwesen ein Leben von Rauch und Schatten. Auch wir vergessen, daß bei ihnen proportioneller harmonischer Ausgleich besteht, so daß das Geisterland, welches uns als bloßer Traum erscheinen mag, seinen Bewohnern wahrhafte Wirklichkeit bietet, wie uns die irdische Welt, und daß Geisterkörper dem Geisterkörper ebenso greifbar und fühlbar wird, wie Erdenkörper dem Erdenkörper.

Vierter Teil: Probleme und Begrenzungen

Wir wollen für den Augenblick den Standpunkt verlassen, der uns weiteren Ausblick auf das eigentliche Wesen dieser Offenbarung und auf die Beweise ihrer Wahrhaftigkeit gewährte, und wollen uns weniger wichtigen Erwägungen zuwenden, die sich mir im Laufe meines Suchens aufgedrängt haben. Dieses Heim unserer Toten – so erzählen sie uns – scheint uns recht nahe zu sein, so nahe, daß wir sie beständig in unserem Schlafe besuchen. Wir alle haben gesehen, wie Leute bei dem Verlust geliebter Menschen nicht, wie wir erwartet hätten, dem Wahnsinn in die Arme getrieben, sondern in stiller Ergebung verklärt wurden. Sie haben ihre Toten wiedergesehen, und jene Verklärung und Ergebenheit ist die Frucht. Wenn auch solch Erlebnis ihres Schlafes in der Erinnerung völlig erloschen ist, so wirkt sein Segen im Unterbewußtsein weiter fort. Zwar ist die Verbindung mit dem Geisterland so gänzlich abgebrochen wie der elektrische Strom beim Ausschalten, aber manchmal wirkt irgendeine unbekannte Ursache noch weiter während des Bruchteils einer Sekunde, und dann geschieht es, daß der Schläfer zurückkehrt aus Traumland, umgeben von den Strahlen erlebter Herrlichkeit. Dann stellen sich die prophetischen Träume ein, von denen sich so viele als wahr erwiesen haben. Auch ich hatte kürzlich ein persönliches Erlebnis, das sich bisher vielleicht noch nicht in seiner ganzen Bedeutung gezeigt hat, aber immerhin auch heute schon merkwürdig genug ist. Am 4. April 1917 erwachte ich mit dem Gefühl, daß mir irgendeine Mitteilung überbracht worden sei. Aber in meiner Erinnerung war nur ein einziges Wort zurückgeblieben: das Wort »Piave«. Soviel ich weiß, hatte ich nie von diesem Worte gehört, das mir jetzt im Kopfe umherschwirrte. Da es wie der Name eines Ortes klang, begab ich mich sofort nach dem Ankleiden in mein Arbeitszimmer und schaute in meinen Atlas. Wahrhaftig, da stand es im Verzeichnis als Name eines italienischen Flusses, etwa vierzig Meilen hinter der Gefechtsfront, welche zu jener Zeit siegreich vordrängte.

Ich hätte mir damals kaum etwas Unwahrscheinlicheres denken können, als daß die Front bis zum Piavefluss zurückgehen würde, und daß sich dort wichtige militärische Ereignisse abspielen könnten. Aber trotzdem war der Eindruck des Traumes so stark, daß ich ein schriftliches Protokoll aufnahm und in demselben die Behauptung aussprach, daß eine derartige Begebenheit sich vollziehen werde. Dieses Protokoll ließ ich am 4. April 1917 von meiner Frau und meinem Sekretär unterschreiben. Heute besteht die geschichtliche Tatsache, daß sechs Monate später die ganze italienische Front sich zurückziehen mußte, Stellung auf Stellung aufgebend, bis sie schließlich am Fluss Piave zum Stehen kam, und zwar in einer Position, die von der militärischen Kritik als unhaltbar bezeichnet wurde. Selbst wenn sich in Zukunft nichts Weiteres entwickeln sollte (ich schreibe heute am 20. Februar 1918), so war unter der Voraussetzung, daß ein Freund aus dem Jenseits mir prophetische Mitteilung machte – die Verkündung des Namens »Piave« durchaus gerechtfertigt.

Bei diesen Forschungen drängt sich die Frage auf, wie weit die den Geisterwesen innewohnenden Kräfte reichen. Die Leute fragen: »Wenn Geisterwesen wirklich existieren, warum tun sie nicht dieses oder jenes?« Die Antwort wird gewöhnlich sein: »Weil sie nicht können!« Wie es scheint, sind ihre Kräfte genau so begrenzt wie die unseren. Dies ging sehr klar aus der Kreuzkorrespondenz mehrerer Schreibmedien hervor, die völlig unabhängig voneinander mit der Absicht operierten, übereinstimmende, von dem Zufall unmöglich beeinflußte Resultate zu erzielen. Zwar wissen die Geisterwesen genau, wie es scheint, welche Art Meldung sie auf das Begriffsvermögen der Lebenden einwirken lassen, aber sie sind unsicher, wie weit sie ihre Absicht erreichen. Die Verbindung mit ihnen ist eine intermittierende. So fragen sie andauernd den Kreuzkorrespondenz-Experimenten: »Habt ihr verstanden?« oder »War es so richtig?« Auch diejenigen, die wie *Myers* und *Hodgson* in besonders enge Beziehung zu ihren psychischen Medien standen und das Erreichbare genau kannten, auch sie hatten Schwierigkeiten zu überwinden, wenn es sich um stoffliche Gegenstände handelte, wenn sie z. B. den Inhalt eines geschriebenen Dokumentes kennenlernen wollten. Ich glaube, daß derartige Schwierigkeiten sich nur durch Materialisation überwinden lassen und daß die Genannten die Kraft der Selbstmaterialisation wohl nicht besaßen. Aus solcher Erwägung wird einiges Licht auf den bekannten, von unseren Gegnern so oft zitierten Fall geworfen, als Myers nicht imstande war, Worte anzugeben, die sich in einem verschlossenen Behälter befanden.

In dieser Weise könnten wohl viele Irrtümer erklärt werden. Aus dem Jenseits stammt die mir vernünftig erscheinende Angabe, daß Geisterwesen zwar über die Verhältnisse ihres eigenen Zustandes mit Kenntnis und Sicherheit Angaben machen können. Wenn wir sie aber in irdische Sphären zurückzerren und, wie wir manchmal gezwungen sind, auf irdische Proben bestehen, so schaffen wir eine Lage, die weit schwieriger ist und Irrtümer veranlassen kann.

Noch ein andrer Punkt mag gegen uns angeführt werden. Die Geisterwesen können nur mit größter Schwierigkeit uns Namen übermitteln – eine Tatsache, die vielen ihrer Botschaften den Stempel des Vagen, Unsicheren aufdrückt, so daß sie wenig zufriedenstellend erscheinen. Sie reden rings um den Gegenstand herum, ohne den Namen zu packen, dessen Erwähnung doch sofort die ganze Sache ins reine bringen würde. Eine kürzlich in der Zeitschrift »Light« veröffentlichte Mitteilung gibt zu dem Gesagten die Illustration. Ein junger, kürzlich verstorbener Offizier bemühte sich, mit Hilfe der Methode der direkten Stimme, seinem Vater eine Botschaft zu übersenden. Er brachte es zwar nicht zustande, den Namen des Vaters zu übermitteln, doch konnte er verständlich machen, daß der Vater dem Dubliner Kildare Street Club angehöre. Auf diese Weise gelang es, den Vater zu finden, der seiner Aussage nach bereits in Dublin die vollständig unabhängige Meldung erhalten hatte, daß von London aus eine Anfrage kommen würde. Der Name, den wir auf Erden tragen, ist wohl nur etwas gänzlich Unwichtiges, ohne inneren Zusammenhang mit unserer Persönlichkeit und vielleicht das erste, das wir mit dem Ableben abstreifen. Vielleicht auch wird unser Verkehr mit dem Jenseits von einem Gesetze kontrolliert, das Schwierigkeiten in den Weg legt, mit dem Zweck, unsere eigene Intelligenz zur Betätigung zu zwingen.

Diese Möglichkeit, daß irgendein Gesetz die direkte Rede zugunsten der indirekten erschwert, gewinnt durch die Ergebnisse der Kreuzkorrespondenz an Wahrscheinlichkeit, denn hier tritt fortgesetzt die Umschreibung an Stelle der direkten Versicherung. Es ist, als ob ein weiser Engel im Jenseits spräche: »Macht es den Leuten auf Erden nicht zu leicht. Zwingt sie, ein klein wenig ihren eigenen Verstand zu gebrauchen. Denn sie würden bloße Automaten werden, wollten wir alles für sie tun.« Spräche solch ein Engel diese Worte, so würden sie die tatsächlichen Verhältnisse kennzeichnen. Wie auch die Erklärung sein mag, die Tatsache selbst ist der Beachtung wert.

Und noch ein anderer Punkt bedarf der Erwähnung: nämlich die Unzuverlässigkeit der Botschaften aus dem Jenseits, sobald es sich um Zeitangaben handelt. Sie sind fast immer falsch. Der irdische Zeitbegriff ist wohl ein anderer als der des Jenseits. Ich erwähnte schon, daß in meinem Hause eine Dame lebte, welche die Gabe des automatischen Schreibens entwickelte und sich in enger Verbindung mit ihren drei Brüdern befand, welche alle im Kriege getötet worden waren. Meldete sie die Botschaften ihrer Brüder, so befand sie sich kaum jemals in völligem Irrtum betreffs tatsächlicher Verhältnisse, aber fast immer in bezug auf Zeitangaben – mit einer einzigen, an und für sich charakteristischen Ausnahme. Zwar irrten sich ihre prophetischen Voraussagungen kommender Ereignisse um Wochen und Monate, doch verkündete sie einmal auf den Tag genau das Eintreffen eines Telegrammes aus Afrika. Auch verwirklichte sich ihre zuversichtliche Prophezeiung, daß ihr vierter Bruder aus deutscher Gefangenschaft entfliehen würde. Im ganzen jedoch behalte ich mir mein Urteil über Möglichkeiten und Grenzen prophetischer Gaben vor.

Abgesehen von diesen tatsächlichen Grenzen der Kraft müssen wir leider mit der kaltblütigen Lüge mutwilliger oder gar böswilliger

Intelligenzen rechnen. Jeder Sucher hat, glaube ich, Beweise absichtlicher Täuschung erlebt, welche gelegentlich mit wahren, echten Mitteilungen sich mischten. Derartige Meldungen hat wohl der Apostel gemeint, als er sagte: »Geliebte, glaubet nicht jedem Geiste, sondern prüfet die Geister, ob sie von Gott kommen!« Diese Worte können nur bedeuten, daß die ersten Christen das, was wir unter Spiritismus verstehen, nicht nur praktisch betätigten, sondern daß sie mit denselben Schwierigkeiten wie wir zu kämpfen hatten. Nichts erscheint befremdlicher als die Tatsache, daß wir eine lange, zusammenhängende Botschaft mit allen dazugehörigen Einzelheiten erhalten können, und daß sich schließlich die ganze Mitteilung als zusammengebraute Schwindelei entpuppen mag. Und gerade hier dürfen wir nicht vergessen, daß viele verunglückte Versuche durch einen einzigen Fall aufgewogen werden, der sich als unbestreitbar echt erweist. Erreicht uns auch nur ein einziges Telegramm, so wissen wir, daß Absender und Telegraphenlinie tatsächlich existieren, gleichgültig, welche Störungen sich auf dieser Linie ereignen mögen. So ist's auch mit den Botschaften aus dem Jenseits. Allerdings bleiben Störungen verdrießlich genug und sind geeignet, Misstrauen zu erregen, bis eine Prüfung der Botschaft ihre Echtheit erwies. In den gleichen Topf gehören all die angeblichen Miltons, die vom Versmaß nichts verstehen, die Shelleys, die nicht dichten können, die Shakespeares, die nicht denken können, und all die anderen absurden Fälschungen, welche die von uns vertretene Sache in das Lächerliche zerren. Hier handelt es sich um absichtlichen Betrug, ob er nun aus dem Diesseits oder Jenseits stammt. Aber die Behauptung, daß derlei Vorkommnisse ein vernichtendes Urteil über die ganze Bewegung aussprechen, ist ebenso unsinnig wie die Verdammung unserer eigenen Welt mit der Begründung, daß manchmal recht unbequeme Leute unsere Wege kreuzen.

Die eine Tatsache kann ich mit gutem Gewissen beteuern: Trotz gelegentlicher falscher Meldungen ist mir während dieser ganzen langen Jahre niemals eine unfreundliche oder gar obszöne Botschaft zu Ohren gekommen. Derartiges ereignet sich wohl nur ganz selten.

Dichtet man uns aber Wahnsinn und sonstiges Teufelswerk an, so schwelgt man in Phantastereien. Die Statistik der Irrenanstalten kann solcherlei Behauptungen nicht unterstützen. Das Durchschnittsalter der Medien entspricht dem aller übrigen Menschen. Ich weiß: die bei einer Sitzung beobachteten rituellen Formalitäten können übertrieben werden. Hat man sich erst einmal von der Wahrhaftigkeit der Phänomene überzeugt, so haben solche Sitzungen ihre Schuldigkeit getan. Wer seine Lebensaufgabe darin sucht, von Sitzung zu Sitzung zu laufen, ist in Gefahr, zum bloßen Sensationsjäger herabzusinken. Auch hier kann, wie bei allen religiösen Kulten, die äußere Form den inneren Kern überwuchern. Auch hier kann man auf der Suche nach physischen Beweisen vergessen, daß die wahrhafte Aufgabe aller dieser Erscheinungen darin besteht, uns mit Vertrauen für die Zukunft zu erfüllen, und mit seelischer Kraft in der Gegenwart, auf daß wir die Vergänglichkeit der Materie begreifen im Gegensatze zu dem, das über der Materie steht.

Und so komme ich denn nach langen Jahren, die ich auf der Suche nach der Wahrheit verbracht habe, zu dem Schluß, daß dieser spiritistischen Bewegung eine große, unerschütterliche Wahrheit zugrunde liegt – trotz gelegentlichen Betruges, den Spiritisten bedauern, und trotz wilder Phantastereien, die wir nüchtern zurückweisen, eine Wahrheit, die sich positiv und mit unendlich größerer Sicherheit beweisen läßt, als irgendein religiöses Dogma, das ich kenne.

Wie ich schon zeigte, handelt es sich bei der spiritistischen Lehre nicht um eine neue Entdeckung, sondern um die Wiederbelebung einer alten. Das kommt aber in diesem materialistischen Zeitalter auf dasselbe heraus. Die in wissenschaftlicher Forschung gereiften Anschauungen von Männern wie Crookes, Wallace, Flammarion, Charl. Richet, Lodge, Barret, Lombroso, General Drayson, General Turner, Sergeant Balantyne, W. T. Stead, Judge Edmunds, Admiral Usborne Moore, Archdeacon Wilberforce, nebst einer Heerschar anderer, – – die Anschauungen all dieser Leute können in unseren Tagen nicht mehr mit der Formel: »Blödsinn« abgetan werden. Mit Recht hat Arthur Hill gesagt, daß wir heute schon ein Stadium erreicht haben, welches die Aufbringung weiterer Beweise unsrerseits als unnötig erscheinen lässt und den Gegnern die Pflicht aufbürdet, den gegenteiligen Beweis zu erbringen. Gerade jene Leute, die ihre Forderung nach Beweisen in die Welt hinausschreien, haben sich fast niemals die Mühe gegeben, die bereits erbrachten, umfangreichen Beweise einer Prüfung zu unterziehen.

Jeder von ihnen scheint zu glauben, daß die ganze Frage von neuem aufgerollt werden müsse, weil er gerade den Wunsch ausgesprochen hat, sich zu informieren. Unsere Gegner belieben über denjenigen herzufallen, der gerade zuletzt den klaren Sachverhalt geschildert hat (im Augenblicke ist kein Geringerer als Sir Oliver Lodge diese Persönlichkeit), und dann mit ihm so zu verfahren, als sei er mit neuen, nur auf eigenen Anschauungen beruhenden Behauptungen hervorgetreten – unter völliger Nichtachtung der bestätigenden Forschung so vieler anderer, früherer, unabhängiger Zeugen. Das ist keine ehrliche Methode der Kritik, denn gerade die Übereinstimmung vieler unabhängiger Zeugen ist die Grundlage zu jeder Beweisführung. Und in unserem Falle sind viele einzelne Zeugen vorhanden, deren Aussagen an und für sich als abschließende Beweise gelten sollten. Da ist z. B. Dr. Crawford in Belfast, der sein Amateurmedium mit hochgehobenen, also vom Boden entfernten Füßen auf eine Waage setzt und die Abnahme des Gewichtes bis zu mehreren Pfund konstatiert, im Verhältnis zu den jeweilig hervorgebrachten Phänomenen. Die Untersuchungen sind mit wahrhaft wissenschaftlicher Gründlichkeit durchgeführt und mit wissenschaftlicher Genauigkeit registriert worden. Würde unsere Kenntnis okkulter Kräfte ausschließlich auf Crawfords Forschungen beruhen, so verstehe ich nicht, wie sie in ihrer Bedeutung herabgezerrt oder gar geleugnet werden könnten. O nein! Für jeden vorurteilsfreien, forschenden Verstand ist die Tatsächlichkeit dieser Phänomene seit langer Zeit unerschütterlich erwiesen, so daß die Periode bloßen Suchens vorüber ist. Die Notwendigkeit, die Ergebnisse dieser Forschung zu einem religiösen System zusammenzufügen, ist längst eine brennende geworden.

Oder sollen wir uns damit begnügen, diese neue Offenbarung anzustarren, ohne Gedanken an ihre innere Bedeutung, sollen wir den Wilden gleichen, welche vor den Apparaten drahtloser Telegraphie gaffend stehen, ohne Würdigung wirkender Kräfte uns übermittelter Botschaften? Oder wollen wir uns dazu aufraffen, das Wesen dieser inhaltsschweren Manifestationen aus dem Jenseits geistig und seelisch zu erfassen und aus ihnen ein religiöses System aufzubauen, dessen Fundamente auf irdischer menschlicher Vernunft und überirdischer Inspiration beruhen? Die Phänomene haben das Stadium des Gesellschaftsspieles durchlebt und überwunden. Auch aus dem Stadium diskutabler wissenschaftlicher Neuheit treten sie jetzt heraus und sind im Begriffe oder sollten es sein, sich zum System religiöser Weltanschauung zu gestalten, in manchen Beziehungen alte Anschauungen bekräftigend, in anderen Beziehungen gänzlich Neues offenbarend. Die grundlegenden Beweise dieser neuen Weltanschauung sind so ungeheuer umfangreiche, daß ihre Zusammenstellung eine recht ansehnliche Bibliothek füllen würde. Und zwar sind unsere Zeugen nicht schattenhafte Gestalten aus grauer Vorzeit, weit entrückt den Möglichkeiten eines Kreuzverhörs, sondern sind unsere eigenen Zeitgenossen, Männer von Charakter und geistiger Begabung, welche das Recht haben, allgemeine Achtung für sich in Anspruch zu nehmen. Man kann, meiner Ansicht nach, die Verhältnisse mit kurzer Alternative kennzeichnen: nur zwei Möglichkeiten gibt es. Entweder hat epidemischer Wahnsinn die Menschen erfaßt, welche zwei Generationen hindurch in zwei großen Erdteilen lebten, und zwar eine Art Wahnsinn, welche gerade solche Menschen befällt, die in allen anderen Beziehungen einen außerordentlichen Grad von Vernunft besitzen. Oder aber es besteht die andere Möglichkeit: Aus göttlicher Quelle ist uns während der letzten Jahre eine neue Botschaft gekommen, und mit ihr das seit dem Tode Christi bedeutungsvollste religiöse Ereignis. Denn die Reformation brachte an sich keine neue Offenbarung, sondern nur die neue Zurechtlegung einer alten. Ja! Eine Botschaft ist gekommen, welche unser ganzes Denken über Tod und Menschenschicksal neu gestaltet. Zwischen diesen beiden Möglichkeiten steht keine andere Annahme auf festen Füßen. Die Theorien, die von Betrug oder Selbsttäuschung faseln, setzen sich mit dem Beweismaterial in klaren Widerspruch. Nein! Es handelt sich entweder um völligen Wahnsinn oder um Umgestaltung religiöser Weltanschauung, um eine Revolution, welche uns mit absoluter Furchtlosigkeit vor dem Tode ausrüstet und uns herrliche Tröstung bringt, wenn der heilige Schleier herabfällt zwischen uns und denen, die wir lieben.

Noch ein paar Worte praktischer Anregung möchte ich hinzufügen für diejenigen, welche wissen, daß ich die Wahrheit spreche. Unsere Bewegung bedeutet die größte Fortentwickelung in der Geschichte der Menschheit. Wie sollen wir sie nutzbar machen? Wir müssen unsere eigene Überzeugung verkünden - - das verlangt Ehrenpflicht - - besonders denen, die von Kummer gebeugt sind. Und erfüllten wir diese Pflicht, so sollen wir nicht stürmisch drängen, sondern alles Weitere einer Weisheit überlassen, die höher ist als die unsere. Wir wollen niemandem seinen Glauben nehmen. Nur die im Irrtum materieller Auffassung Befangenen wollen wir zurückgewinnen, wollen sie aus den Begrenzungen ihres engen Gesichtskreises herausführen auf den Rand des Felsens, von dem aus weite Täler und Höhen ihnen entgegenleuchten im Odem reineren Hauches. Dogmatische Bekenntnisse sind im wesentlichen versteinert, verwittert und überwuchert von unkrautartigen Äußerlichkeiten, die zusammen mit den Mysterien sie erwürgen. Der Mensch bedarf all dieser Dinge nicht. Das Wesentliche ist sehr einfach und sehr sicher. Das können wir beweisen.

Laut dringt zu uns der Hilfeschrei von denen, die danach dürsten, mit lieben Toten wieder Gemeinschaft zu gewinnen. Aber auch dieser Drang bedarf der Mäßigung und Zügelung. Wenn unser Kind in fernen Ländern wohnt, so dürfen wir nicht beanspruchen, daß es dauernd seinen Beruf unterbricht, um uns ausführliche Nachrichten zu senden. Ist einmal die Verbindung mit dem Jenseits angeknüpft, so sollen wir in unseren Ansprüchen bescheiden sein. Aber wir wollen nicht eher ruhen, als bis dieser Beweis möglicher Verbindung unanfechtbar erbracht worden, und dann wollen wir uns während der kurzen Spanne Zeit gedulden, die uns noch von der Wiedervereinigung trennt. Ich habe augenblicklich mit dreizehn Müttern Fühlung, die mit ihren verstorbenen Söhnen in Verbindung stehen. Wenn der Vater lebt, bestätigt er in allen diesen Fällen die abschließende Gültigkeit der Beweise. Meinem Wissen nach hatten die Eltern nur in einem Falle vor dem Kriege Kenntnis von okkulten Dingen.

Mehrere dieser Fälle zeigen ihre besonderen Eigentümlichkeiten. In zwei Fällen erschienen die Gestalten der verstorbenen Söhne auf der Photographie neben der Mutter. In einem anderen Falle wurde die erste Botschaft der Mutter durch einen Fremden überbracht, dem die genaue Adresse übermittelt worden war. Später wurde die Verbindung mit den Söhnen eine direkte. In einem dritten Falle wurde die Botschaft dadurch übermittelt, daß auf bestimmte Seiten und Zeilen in Büchern hingewiesen wurde, die sich in entfernten Bibliotheken befanden, und, zusammengestellt, die Botschaft ausmachten. Mit diesem Verfahren sollte die Möglichkeit telepathischer Einflüsse ausgeschaltet werden. Wahrlich, kein Mittel ist unversucht gelassen worden, um die Wahrheit dieser Offenbarung zu erproben.

Und welche Wege soll der einzelne von uns einschlagen? Hier liegt die Schwierigkeit. Wir müssen behutsam vorwärtsschreiten, denn auf dem Wege treffen wir Betrüger neben Ehrlichen. Ohne Schwierigkeit können wir uns ein bezahltes Medium empfehlen lassen. Aber die Erfolge können auch mit dem besten Medium negative bleiben, denn der Boden, den sie betreten, ist schlüpfrig und schwankend. Und trotzdem mag sich das positive Ergebnis sofort einstellen. Von hüben wie von drüben wirken die Gesetze, so daß wir keine feste Regel aufstellen können. Was aber auch geschieht, muß in weihevoller, zum Gebet geneigter Stimmung geschehen, mit dem Wunsche strenger Selbstkontrolle, um gegen Selbsttäuschung gewappnet zu sein. Ausgerüstet mit dem erforderlichen Ernste werden wir unseren Weg zum Siege finden, auf die eine oder andere

Weise, denn wahrscheinlich wird eine Kraft aus dem Jenseits uns Hilfe bringen.

Manche Leute widerstreben der Verbindung mit dem Jenseits, weil diese angeblich die Fortentwickelung unserer Toten hindere. Nicht der geringste Beweis lässt sich für solche Behauptung erbringen. Ganz im Gegenteil: die Geisterwesen erklären, daß die Berührung mit ihren Geliebten auf Erden sie stärke und ihnen helfe. Ich habe kaum an anderer Stelle so rührend eindringliche Sprache wiedergefunden, wie die Worte, mit denen Raymonds das Verlangen unserer gefallenen Söhne schildert, ihren Lieben Botschaften zu senden. Aber sie machen immer wieder die Erfahrung, daß Unwissenheit und Vorurteil ihnen die Wege verschließt. »Es ist so hart, an die Vernichtung der Kinder zu glauben, wie so viele Leute es tun. Und erschütternd sind die Klagen der jungen Verstorbenen, daß niemand der Lieben ihnen jemals ein Wort zukommen lasse. Das tut weh in tiefster Seele.«

Und vor allen Dingen mache dich vertraut mit dem, was über diesen Gegenstand geforscht, gedacht, geschrieben worden ist. Von Anhängern wie von Gegnern wird die Literatur viel zu sehr vernachlässigt. Lasse dich durchdringen von dieser herrlichen Wahrheit. Mache dich mit dem überwältigenden Beweismaterial bekannt. Reiße dich von der Lockung der Phänomene los und erfasse mit Geist und Seele die erhabene Lehre, die aus solchen Büchern spricht wie: »After Death« und »Spirit Teachings« von Stainton Moses. Unsere Literatur füllt eine ganze Bibliothek. Zwar sind die einzelnen Bücher von ungleicher Bedeutung, aber im Durchschnitt besitzen sie hervorragenden Wert. Vergeistige deine Gedanken und erweitere ihren Kreis. Laß sie zur köstlichen Frucht werden auf Schritt und Tritt deines täglichen Lebens. Selbstlosigkeit führt dich himmelan. Erfasse die Wahrheit unserer Lehre nicht als Glauben oder Dogma, sondern als eine Tatsache, die so wahrhaftig und beweisbar ist, wie die Straßen von London, die Wahrheit der Lehre, daß wir bald in ein anderes Leben übergehen werden, wo das Glück unser wartet, und daß kein anderer Einfluss dieses Glück beflecken oder verzögern kann, als eigene Schuld: Torheit und Selbstsucht im Laufe unseres kurzen, dahinschwindenden Erdenlebens.

Noch einmal will ich's sagen: Wenn auch diejenigen, welche mit starrer Glaubenskraft an dem Dogma christlicher Bekenntnisse krampfhaft festhalten, in unserer neuen Offenbarung den Keim der Vernichtung wittern, so übt die neue Lehre ganz anderen, gegenteiligen Einfluss auf die große Zahl derer, die im Lichte neuzeitiger Erkenntnis die ganze christliche, dogmatische Konstruktion betrachten. Die alte Offenbarung hat mit der neuen so viele Ähnlichkeiten, daß beide zweifellos aus derselben Quelle stammen. Aber im Laufe der Jahrhunderte wurde die alte Lehre entstellt, sie verwitterte, wurde durch Menschenhand verunglimpft und vom Materialismus durchseucht. Und dennoch zieht sich auch heute noch durch beide derselbe rote Faden: der Glaube an das Fortleben nach dem Tode, an höhere und niedere Geisterwesen, an die Möglichkeit künftigen Glückes, das im Verhältnis zu unserem eigenen Lebenswandel steht, an die reinigende Kraft des Leidens, an schützende Geisterwesen, an eine unbegrenzte zentrale Gewalt, an Sphären, die sich in unendlicher Folge an Sphären schließen, bis sie sich der Gegenwart des Höchsten nähern. Wiederum erscheinen alle diese Vorstellungen, und viele Zeugen bekräftigen ihre Wahrhaftigkeit. Der Anspruch auf Unfehlbarkeit und alleinseligmachende Vollkommenheit, die Götzendienerei der Theologen und ihre Engherzigkeit, das Menschenwerk ritueller Nebensächlichkeiten – sie wollen die aus Gott quellenden Gedanken erdrosseln und der Wahrheit die Larve vorbinden.

Ich kann für dieses kleine Buch keinen besseren Schluß finden, als folgende Worte, die beredter sprechen als alles, was ich selbst sagen könnte. Vor vielen Jahren sind sie aus der Feder des Denkers und Dichters Gerald Massey geflossen und lauten also:

»Der Spiritismus hat mir wie vielen anderen eine so herrliche Erweiterung des geistigen Horizontes gebracht, – – ein Emporheben in die himmlischen Regionen – – eine Läuterung des Glaubens zum tatsächlichen Wissen – – daß ich das Leben ohne diese Erkenntnis nur mit dem Leben eines Reisenden vergleichen kann, der an Bord eines Seglers unten im Schiffsraum beim Lichte einer Kerze als Gefangener vegetiert, bis er plötzlich an Deck geführt wird, in sternenklarer Nacht, auf daß er zum ersten Male erschaue, wie die Himmel erglühen voll funkelndem Feuer zur Ehre des Höchsten.«

Anhang: Die nächste Phase unseres Lebens

Ich habe bereits davon gesprochen, daß die Berichte über die nächste Phase unseres Lebens in wesentlichen Punkten in erstaunlichem Maße übereinstimmen, trotzdem sie aus verschiedensten, voneinander unabhängigen Quellen stammen. Gelegentlich erstreckt sich diese Übereinstimmung bis in die kleinsten Einzelheiten. Unterschiedliche Schilderungen kommen von den wenigen, die nicht nur die eine nächste Phase der Entwickelung, sondern mehrere schauen und beschreiben können. Konsequent übereinstimmend lauten jedoch die Berichte über jene glücklichen Sphären, die zu erreichen auch der durchschnittliche Sterbliche hoffen darf. Kürzlich habe ich von neuem drei voneinander unabhängige Schilderungen gelesen, die das bereits Mitgeteilte wiederum bestätigen. Die eine befindet sich in dem Buche: »I heard a Voice« (»Ich hörte eine Stimme«), verfaßt von »A King's Counsel« Verlag von Kegan Paul, London. Ich empfehle dieses Büchlein den Suchern nach der Wahrheit. Obgleich es mit römisch-katholischem Vorurteile geschrieben ist, beweist es, daß die Richtlinien unserer Anschauung die gleichen sind. Ein zweites Büchlein betitelt sich: »The Light on the future« (»Das Licht auf die Zukunft«) und schildert mit interessanten Einzelheiten das Ergebnis der Forschungen ernster Sucher in Dublin. Und der dritte, meiner Ansicht nach sehr lehrreiche Beitrag kam in einem Briefe von Herrn Hubert Wales, der als vorsichtiger und skeptischer Forscher voll Misstrauen gegen seine eigenen, durch automatische Schrift erzielten Ergebnisse dieselben beiseite gelegt hatte. Nachdem ihm jedoch meine Schilderungen des Jenseits zu Gesicht gekommen, suchte er seine alte Niederschrift hervor, die ihm zuerst einen so wenig überzeugenden Eindruck gemacht hatte. Herr Wales schreibt mir: »Bei dem Lesen Ihres Artikels war ich betroffen, ja, beinahe erschrocken, denn die Schilderungen, die mir selbst über angebliche Zustände nach dem Tode gemacht worden waren, stimmten, wohl bis in die kleinsten Einzelheiten, mit denen überein, die Sie als Ergebnis eines aus vielen Quellen zusammengetragenen Materials veröffentlicht haben. Ich kann mir nicht denken, daß ich früher irgendetwas Ähnliches gelesen habe, durch welches sich diese Übereinstimmung erklären ließe. Sicherlich hatte ich niemals vorher etwas zu Gesicht bekommen, was Sie über den Gegenstand etwa veröffentlicht haben. Absichtlich habe ich Bücher wie »Raymond« gemieden, um nicht die Resultate meiner eigenen Forschung zu beeinträchtigen. Die Berichte der »Society of Psychical Research« (»Gesellschaft zur Erforschung psychischer Erscheinungen«), welche ich kannte, vermeiden absichtlich, wie Sie wissen, sich mit Verhältnissen nach dem Tode zu beschäftigen. Tatsächlich beweisen meine sofort niedergeschriebenen Aufzeichnungen, daß die mir zugekommenen Botschaften das Folgende besagen: Die Verstorbenen leben fort und besitzen einen Körper, der zwar unseren irdischen Sinnen nicht wahrnehmbar ist, aber für die Verklärten ebenso tatsächlich besteht, wie für uns Menschen der eigene, materielle Körper. Dieser Körper der Verklärten zeigt im Wesentlichen die charakteristischen Eigentümlichkeiten seiner früheren irdischen Gestalt, wenn auch in verschönter Form. Sie kennen kein Alter, keinen Schmerz, kennen nicht Reichtum und nicht Armut, kennen keinen Schlaf, wenn sie auch davon sprechen, daß sie gelegentlich in einen Zustand des Halbbewußtseins verfallen, der wohl ungefähr einem hypnotischen Zustand entspricht. Nach gewissem Zeitraum – – gewöhnlich kürzer als das durchschnittliche Leben eines Menschen – – gehen sie in ein höheres Stadium der Entwickelung über. Wesen mit gleichartigen Richtungen der Gedanken, des Geschmacks und des Gefühls neigen zu Gemeinschaft. Nicht notwendigerweise vereinigen sich die Verheirateten wieder, aber Liebe zwischen Mann und Weib besteht fort, wenn sie auch frei ist von den Einflüssen, die auf Erden ihrer wahrhaften Vollendung so oft im Wege stehen. Unmittelbar nach dem Tode verfällt der Verstorbene in einen Ruhezustand des Halbbewußtseins, dessen Zeitdauer bei den einzelnen verschieden ist. Sie sind unfähig, körperlichen Schmerz zu empfinden. Die Richtung des religiösen Glaubensbekenntnisses übt keinerlei

Einfluss auf den Zustand des Verstorbenen. Ihr Dasein ist im Wesentlichen von innerem Glück verklärt. Wer sich dort erst einmal zurechtgefunden, könnte niemals den Wunsch haben, auf Erden zurückzukehren. Zwar ist mir niemals von »Arbeit« unter Nennung dieses Wortes gesprochen worden, jedoch vielfach von den mannigfachen Interessen der Verklärten. Das ist wohl nur eine andere Ausdrucksweise für einen ähnlichen Begriff. Wir Menschen sind gewöhnt, dem Worte »Arbeit« den Begriff des Kampfes um das Leben beizulegen, aber, wie mir ausdrücklich beteuert wurde, liegt eine solche Notwendigkeit im Jenseits nicht vor. Eine geheimnisvolle Kraft erfüllt dort alle zum Dasein erforderlichen Bedingungen. Auch erhielt ich niemals Andeutungen über einen zeitlichen Zustand der Strafe, wohl aber erfuhr ich, daß Verstorbene ihr Dasein in jenem Stadium intellektueller und moralischer Entwickelung fortsetzen, aus dem sie durch den Tod auf Erden herausgerissen wurden. Da der Grad ihres Glückes im Wesentlichen von harmonischem und sympathischem Empfinden abhängt, so sind die neuen im niederen Zustand moralischer Entwickelung befindlichen Ankömmlinge zunächst unfähig, die neuen Bedingungen ihres Daseins zu würdigen und sich ihrer zu erfreuen.«

Soweit der Brief des Herrn Hubert Wales.

Ich möchte noch ein anderes kleines Buch erwähnen: »Do thoughts perish?« (»Sterben die Gedanken?«), welches mir erst kürzlich zu Gesicht gekommen ist. Zwar nennt der Verfasser sich nicht, jedoch geht klar hervor, daß das Buch von einer Dame geschrieben worden ist, die Charakter und hervorragende Erfahrung besitzt. Aus dem Datum ihrer Mitteilungen geht hervor, daß dieselben zu gleicher Zeit (aber gänzlich unabhängig) wie das Buch »Raymond« entstanden sind. Die Schilderung des Zustandes und der Eindrücke der jungen, dem irdischen Leben soeben entrissenen Soldaten sind im Wesentlichen identisch mit denen im »Raymond«. Wie will der feindliche Kritiker diese völlig unabhängig zustande gekommene Übereinstimmung deuten?

Das automatische Schreiben stellt eine Art mediumistischer Begabung dar, welche die höchsten Resultate erzielt, aber es liegt in ihrer Natur, daß sie der Selbsttäuschung Tür und Tor öffnet. Bedienen wir uns unserer Hand aus eigener Kraft, oder leitet uns eine äußere Gewalt? Nur das Wesen der empfangenen Botschaft selbst kann die Entscheidung geben, und auch dann müssen wir die in unserem Unterbewußtsein schlummernden Einflüsse und Kenntnisse in Betracht ziehen. Es scheint mir der Mühe wert, einen Fall anzuführen, der meiner Ansicht nach jeder Kritik standhält, damit der Sucher sich davon überzeuge, wie stark die Beweise dafür sprechen, daß derlei Botschaften auf Veranlassung äußerer, vom Empfänger unabhängiger Einflüsse sich einstellen. Ich verweise auf den von Arthur Hill in seinem kürzlich erschienenen Buche »Man is a spirit« (Mensch ist Geist), Verlag von Cassell, London, beschriebenen Fall des Captain James Burton. Wie ich höre, ist Herr Burton dasselbe Amateur-Medium, auf dessen Angaben hin kürzlich die verschütteten Ruinen zu Glastonbury aufgefunden wurden.

Captain James Burton erklärt:

»Als ich eine Woche nach dem Begräbnisse meines Vaters einen geschäftlichen Brief schreiben wollte, schien sich ein Etwas zwischen der Tätigkeit meiner Hand und den motorischen Nerven meines Hirns einzuschalten, und die Hand begann, mit erstaunlicher Schnelligkeit einen Brief zu schreiben, der angeblich von meinem Vater kam und mit seinem Namen unterzeichnet war. Ich war bestürzt. Die rechte Seite meines Körpers wurde kalt und gefühllos. Während eines ganzen Jahres nach diesem Ereignis stellten sich derlei Briefe häufig ein, und zwar bei ganz unerwarteten Gelegenheiten. Ich wußte nicht eher, was sie enthielten, als bis ich sie mit einem Vergrößerungsglase untersucht hatte, denn die Schriftzüge waren ganz klein. Die Briefe erhielten sehr viele Mitteilungen, von denen ich unmöglich vorher hätte wissen können ...

»Meine Mutter befand sich in einer Entfernung von sechzig englischen Meilen und verlor ihren Lieblingshund, ohne daß ich im Geringsten von dem Vorfall eine Ahnung hatte. Am Abend desselben

Tages stellte sich ein Brief von meinem Vater ein, der seine Sympathie mit der Mutter ausdrückte ...

»... Später teilte er mir ein von meinen Eltern heilig gehaltenes Geheimnis mit, das niemandem als ihnen beiden bekannt war und einen Vorfall betraf, der sich mehrere Jahre vor meiner Geburt zugetragen hatte. Der Vater sagte mir in seinem Briefe: ›Erzähle dies Deiner Mutter, und dann wird sie wissen, daß in der Tat ich es bin, Dein Vater, der mit Deiner Hand schreibt.‹

»Bis dahin konnte meine Mutter sich nicht dazu entschließen, an die Herkunft dieser Briefe zu glauben. Als ich ihr aber den Auftrag meines Vaters ausrichtete, brach sie ohnmächtig zusammen. Von nun an wurden diese Briefe ihr größter Trost, denn während ihrer vierzigjährigen Ehe waren sie wahrhafte Herzensvertraute gewesen, so daß der Tod des Vaters fast das Herz der Mutter brach.

»Ich bin davon überzeugt, daß die ursprüngliche Persönlichkeit meines verstorbenen Vaters heute noch existiert, geradeso als ob er sich in seinem Zimmer befände, bei geschlossener Tür. Er ist ebenso wenig tot, als befände er sich in entfernten Landen.

»Ich habe die Redewendungen und den Wortschatz dieser Briefe mit meinen eigenen Schriften verglichen (ich bin kein unbekannter Mitarbeiter an Zeitschriften), und ich finde zwischen ihnen keine Ähnlichkeit.«

– – Soweit die Aussagen des Herrn Arthur Hill. Im Übrigen verweise ich auf das angeführte Buch, welches weiteres, umfangreiches Beweismaterial enthält.

Erzählungen aus dem Biedermeier

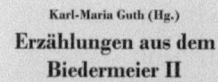

Biedermeier - das klingt in heutigen Ohren nach langweiligem Spießertum, nach geschmacklosen rosa Teetässchen in Wohnzimmern, die aussehen wie Puppenstuben und in denen es irgendwie nach »Omma« riecht.

Zu Recht. Aber nicht nur.

Biedermeier ist auch die Zeit einer zarten Literatur der Flucht ins Idyll, des Rückzuges ins private Glück und der Tugenden. Die Menschen im Europa nach Napoleon hatten die Nase voll von großen neuen Ideen, das aufstrebende Bürgertum forderte und entwickelte eine eigene Kunst und Kultur für sich, die unabhängig von feudaler Großmannssucht bestehen sollte.

Georg Büchner Lenz **Karl Gutzkow** Wally, die Zweiflerin **Annette von Droste-Hülshoff** Die Judenbuche **Friedrich Hebbel** Matteo **Jeremias Gotthelf** Elsi, die seltsame Magd **Georg Weerth** Fragment eines Romans **Franz Grillparzer** Der arme Spielmann **Eduard Mörike** Mozart auf der Reise nach Prag **Berthold Auerbach** Der Viereckig oder die amerikanische Kiste

ISBN 978-3-8430-1884-5, 444 Seiten, 29,80 €

Erzählungen aus dem Biedermeier II

Annette von Droste-Hülshoff Ledwina **Franz Grillparzer** Das Kloster bei Sendomir **Friedrich Hebbel** Schnock **Eduard Mörike** Der Schatz **Georg Weerth** Leben und Taten des berühmten Ritters Schnapphahnski **Jeremias Gotthelf** Das Erdbeerimareili **Berthold Auerbach** Lucifer

ISBN 978-3-8430-1885-2, 440 Seiten, 29,80 €

Erzählungen aus dem Biedermeier III

Eduard Mörike Lucie Gelmeroth **Annette von Droste-Hülshoff** Westfälische Schilderungen **Annette von Droste-Hülshoff** Bei uns zulande auf dem Lande **Berthold Auerbach** Brosi und Moni **Jeremias Gotthelf** Die schwarze Spinne **Friedrich Hebbel** Anna **Friedrich Hebbel** Die Kuh **Jeremias Gotthelf** Barthli der Korber **Berthold Auerbach** Barfüßele

ISBN 978-3-8430-1886-9, 452 Seiten, 29,80 €